ENCUENTRA A TU GENTE

ENCUENTRA A TU GENTE

CONSTRUYENDO COMUNIDADES FUERTES EN TIEMPOS DE SOLEDAD

Jennie Allen

ORIGEN

Este libro no pretende reemplazar el consejo de un psicólogo profesional. Se les aconseja a los lectores consultar a un experto calificado a propósito de cualquier tratamiento. La autora y la editorial renuncian a toda responsabilidad, pérdida o riesgo personal u otro, contraídos como consecuencia directa o indirecta del uso o aplicación del contenido de este libro. Los detalles de algunas anécdotas e historias fueron cambiados para proteger la identidad de las personas.

Título original: *Find Your People*
Primera edición: febrero del 2022

Esta edición es publicada bajo acuerdo con
WaterBrook, un sello de Random House, a division of Penguin Random House LLC
Publicado en asociación Yates & Yates, www.yates2.com

© 2022, Jennie Allen
© 2022, Penguin Random House Grupo Editorial USA, LLC
8950 SW 74th Court, Suite 2010
Miami, FL 33156

Traducción: María José Agostinelli
Diseño de cubierta: Una adaptación de PRHGE de la cubierta original de Sarah Horgan and Mike Marshall
Imagen de cubierta: Oksana Latysheva/Getty Images

A menos que se indique lo contrario, todas las citas bíblicas fueron tomadas de la Santa Biblia, Nueva Versión Internacional, NVI, ©1973, 1978, 1984, 2011. Otras versiones utilizadas son: Reina-Valera 1960 (RVR60) ® © Sociedades Bíblicas en América Latina, 1960. Renovado © Sociedades Bíblicas Unidas, 1988. Utilizado con permiso; Nueva Traducción Viviente (**NTV**) © Tyndale House Foundation, 2010. Todos los derechos reservados; Nueva Biblia de las Américas™ (NBLA)™ Copyright © 2005 por The Lockman Foundation; Palabra de Dios para Todos (**PDT**) © 2005, 2008, 2012, 2015 Centro Mundial de Traducción de La Biblia; Traducción en lenguaje actual (TLA) Copyright © 2000 by United Bible Societies.

Impreso en México / *Printed in Mexico*

ISBN: 978-1-64473-479-7

ORIGEN es una marca registrada de Penguin Random House Grupo Editorial

Dedicado a mi aldea de amigos.
Gracias por hacerme mejor.
Gracias por pelear por mí.
Gracias por quedarse.

No es bueno que el hombre esté solo.

—DIOS, TRAS CREAR AL PRIMER HUMANO EN LA TIERRA.

Así que, por más complicadas que puedan ser
las relaciones, no podemos vivir en soledad.
Debemos enfrentar este hecho.

CONTENIDO

NO SE SUPONE QUE ESTEMOS SOLOS

La semana pasada tuve un ataque de pánico. Uno de esos ataques intensos, que no te dejan respirar, y que hacen que te encierres en el armario. Hacía diez años que no tenía uno.

Mientras escribo estas palabras, el resto del libro está casi terminado. Y aun así quiero ser honesta contigo: esta es mi realidad hoy, después de pasar unos cuantos años de mi vida experimentando, escribiendo, investigando y pensando en algo que aparentemente al menos tres de cada cinco de nosotras sentimos a diario: *Soledad*.

Imagino que estás aquí porque tú también la sientes. Ese sentimiento de desazón, de que no eres vista, de que no eres conocida, y de que debes enfrentar, por cuenta propia, cualquier dificultad que la vida te ponga delante.

Te entiendo.

Pero estoy convencida de que ese sentimiento está arraigado en una inmensa mentira; una mentira que amenaza con empujarnos a un lugar oscuro a menos que aprendamos cómo contraatacar.

Un ejemplo concreto: mi reciente ataque de pánico.

Se había estado gestando a lo largo de varias semanas.

Lo había disimulado para editar este libro, y cuando finalmente emergió… me estaba peleando con una de mis hermanas. No nos habíamos visto durante meses porque ambas estamos muy ocupadas. Pero a pesar de cualquier conflicto, mis hermanas son dos de mis mejores amigas.

Mi esposo se sentía frustrado porque yo estaba muy desconectada, e incluso cuando no estaba trabajando en el libro, seguía distraída en un millón de cosas que habían quedado rezagadas. Me di cuenta de en todo ese tiempo que mi familia había estado creando recuerdos y compartiendo experiencias sin mí. Había pasado tanto tiempo desde la última vez que me reuní con ellos que dejaron de llamarme. En mi mente, habían seguido adelante juntos, y yo había quedado al margen.

Todo esto me golpeó junto con la abrumadora certeza de que mientras escribía un libro acerca de encontrar a tu gente, yo perdía a la mía.

Era un completo fraude. No tenía a nadie cerca.

El conflicto, el aislamiento y el temor siguieron durante semanas. Y continuaron creciendo. Pensaba en ello todo el tiempo. Luego, después de que una persona me expresara su desilusión, me encontré sola, en el piso del ropero, incapaz de respirar.

¿Cuál fue la mentira que me dejó sin aliento?

Estoy sola.

Esa misma noche tuve una vívida pesadilla en la que mis peores temores se volvieron realidad. Mis personas cercanas no solo me estaban abandonando, sino que hablaban a mis espaldas mientras yo lanzaba al mundo un libro sobre lo íntimamente unidos que supuestamente éramos.

Una tragedia, lo sé.

Imagino que te estarás preguntando qué clase de ayuda puedes esperar de alguien que acaba de hundirse en el mismo asunto.

¿Por qué te lo cuento?

Porque en un nivel profundo, estar solo es un temor que compartimos todos.

Quizás estás experimentando la soledad en este mismo momento.

Tal vez tenías personas a tu lado y te abandonaron.

O quizá realmente nunca tuviste personas a tu lado.

O tal vez las tuviste, pero incluso cuando estás con ellas te sientes distante o invisible.

El dolor de la soledad es real y nos persigue a todos.

A veces, es simplemente un pensamiento pasajero. Te quedas dormida con algunas preocupaciones sobre el futuro y este susurro se te cuela en la mente: *nadie sabe lo que me está sucediendo.*

En ocasiones, es una realidad más profunda: la vida ha sido tan caótica y estresante durante tantos años que accidentalmente no invertiste en tus relaciones, y cuando levantas la vista, las personas que estaban a tu lado desaparecieron.

Es un profundo sentimiento de soledad en las grietas de nuestra alma.

Es preguntarse si realmente somos conocidas, vistas, aceptadas e incluso valoradas, como cuando:

- No sabes a quién llamar para que te recoja en el aeropuerto.
- No tienes algo para celebrar o por lo que afligirte, ni nadie con quien hacerlo.
- Tienes una idea para compartir y no puedes pensar en nadie a quien le importe lo suficiente como para soñar contigo.
- Estás enfrentando una situación difícil en el trabajo y no puedes pensar en nadie confiable con quién hablar para contarle lo que te está pasando.
- La mayoría de tus amigas están casadas y ya están comenzando a tener hijos y tú ni siquiera sales con alguien.
- Tus hijos han crecido, tú estás soltera y pasas la mayor parte del tiempo sola.
- Estás comiendo sola, otra vez.

- Ves que llega el fin de semana y no tienes nada planificado. A menos que tomes la iniciativa o hagas algo sola, no tendrás nada para hacer.
- Estás hablando con alguien que pensabas que era una buena amiga, pero te das cuenta de que no piensa de la misma manera sobre los asuntos importantes.
- Tu familia está dividida y enferma, cuando parece que todas las demás familias (normales, alegres y saludables) están emocionadas al reunirse para Navidad.
- Necesitas hablar, pero no sabes a quién llamar.
- Hace tanto tiempo que nadie te escucha de forma genuina que ni siquiera puedes recordar la última vez que te sinceraste.

Estas escenas avivan el dolor silencioso del que estoy hablando. Es simplemente una realidad ineludible de la condición humana, ¿no es cierto? ¿No es acaso algo que enfrentamos todos?

¿O solamente yo?

¿O solamente tú?

¿Alguna vez te lo has preguntado? ¿Si quizás eres la única persona que se siente *así* de sola?

Por cierto, no lo eres.

No estás sola en este sentimiento de soledad.

La mañana después de esa vívida pesadilla, me desperté y vi todo con claridad: estoy creyendo la mentira de que estoy destinada a quedarme sola, y al creerlo la estoy haciendo realidad al alejar y juzgar a las personas que amo, protegiéndome de ellas como si fueran mis enemigos.

Era temprano, pero mientras se me cruzaba ese pensamiento, una de mis mejores amigas me llamó. En lugar de dejar que atendiera el contestador y esconderme, pensé: "Esta es mi oportunidad de contraatacar".

Cuando contesté, Lindsay me dijo que me llamaba para saber cómo estaba. Le dije: "Necesito contarte algo que me ha estado pasando".

Ahora ya no tenía oportunidad de retroceder y esconderme. Tengo esa clase de amigas que no van a dejarme sola hasta que no les cuente todo. Esa noche nos reunimos y les conté todas las inseguridades que había tenido durante semanas: la pesadilla, el temor a ser un fraude, incluso el ataque de pánico y las dificultades con mi familia.

Me cubrieron con amor, oraron y pelearon por mí. Cuando Lindsay me dejó en mi casa, sonrió y me dijo: "Jennie, nunca me sentí tan cerca de ti como ahora".

Luego llamé a mi hermana y le pedí que nos reuniéramos. Mientras comíamos, la miré a los ojos y le describí el dolor que sentía y ella describió su dolor, y nos reímos por toda la confusión que ambas habíamos creído. Terminamos pasando el día juntas y compartiendo todo lo que nos estaba pasando.

Una por una me acerqué a las personas cercanas e hice exactamente aquello que temía: *reconocer abiertamente que las necesitaba.*

Contraataqué la mentira que había amenazado con derribarme.

No estoy sola.

No soy un fraude.

Tengo personas cercanas.

Quizá ahora mismo estés creyendo esa mentira de que estás sola. Pero ¿qué tal si las personas que necesitas estuvieran a la vuelta de la esquina?

Acércate y déjame contarte mis deseos para nosotras: quiero que cambiemos las vidas de aislamiento que a duras penas experimentan breves momentos de conexión, por vidas íntimamente conectadas que solo conocen breves momentos de soledad.

¿Crees que estoy loca? Estoy aquí para decirte que no lo estoy.

Tal vez tenga algunas recaídas momentáneas en las que se desliza la mentira de soledad, pero aprendí a no quedarme allí. Y al reconocer que en ocasiones me siento sola, al experimentarlo y luego compartirlo con sinceridad, me doy cuenta de que eso me acerca a las personas, ¡porque ahora sabes que no solo tú te sientes sola!

¿Y la conexión que tú y yo anhelamos? He visto que es posible. Y una vez que la has visto, no puedes ignorarla. No podría dejar de pelear por esta clase de vida.

Tú también pelearás por ella, te lo aseguro.

La descubrirás y ya no será invisible.

Contraataca la mentira conmigo. Encontremos a nuestra gente.

PARTE UNO

Nos necesitamos

1

EXISTE OTRA MANERA

¿Crees que estamos hechos para vivir en conexión verdadera y radical? Incluso si eres una persona introvertida, todos estamos física, emocional y espiritualmente conectados por Dios para relacionarnos. Desde el momento de tu nacimiento hasta que das el último aliento, la conexión profunda y auténtica es lo que nuestra alma más anhela. No tan solo como una experiencia ocasional, sino como una realidad entretejida en tu vida diaria.

Pero para tener acceso a esa realidad, tendrás que hacer algunos cambios. Porque hay algo fundamentalmente erróneo en la manera en la que hemos edificado nuestra vida.

Pasamos noches y fines de semana encerrados en casa con nuestra pequeña familia, o compañeros de cuarto o a solas, mirando las pantallas. Preparamos la cena solo para nosotros y nunca queremos molestar a los vecinos. Llenamos una pequeña grieta llamada hogar con todo lo que podemos llegar a necesitar, mantenemos la puerta cerrada con llave y así nos sentimos sanos y salvos. Pero nos hemos desconectado por completo de las personas que no pertenecen a nuestro pequeño mundo protector. Quizá nos sintamos cómodas, seguras, independientes y entretenidas.

Pero también nos sentimos completamente tristes.

Casi todos vivimos de esta manera, y no funciona para ninguno de nosotros. Como dije anteriormente, las investigaciones indican que "3 de cada 5 estadounidenses han informado estar crónicamente solos", y esa cifra "va en aumento".[1] Estas estadísticas son indicadores de una crisis grave y costosa. La ansiedad, la depresión, los pensamientos suicidas se incrementan. Los científicos advierten que la soledad es peor para nuestra salud que la obesidad, que fumar, que la falta de acceso a la atención médica y que la inactividad física.[2]

Entonces, ¿por qué permitimos que eso defina nuestros días?

¿Acaso esto es *vivir*? ¿Así se supone que sea la vida?

Déjame pasar a la respuesta: no. ¡No se supone que sea así! ¿Sabes en realidad para lo que fuiste creada?

- Conversaciones largas e importantes con personas que conoces desde hace años y que darían un riñón si lo necesitaras.
- Personas que llegan a tu casa sin avisar con pizza y platos descartables porque te echaban de menos y no tienen temor a importunar.
- Tiempo no programado y sin apuros con personas que son como familia.
- Los pocos que gritan de alegría cuando compartes noticias asombrosas y lloran contigo cuando les cuentas tus dificultades.
- Personas que llegan temprano para ayudarte a cocinar y se quedan hasta tarde para ayudarte a limpiar.
- Personas que te hieren y a quienes tú hieres, pero eligen solucionarlo en lugar de renunciar.
- Gente que vive la misión a tu lado, que se desafía y te hace ser mejor.
- Personas que saben que son cercanas a ti y tú a ellas. Se pertenecen.

Este es un libro acerca de cómo encontrar a esas personas cercanas; aquellas con las que viviremos día a día, aquellas con quienes nos arriesgaremos a mostrarnos por completo, aquellas que gratamente podrán incomodarnos, aquellas a las que elegiremos amar.

Sí, sé lo complicado y agobiante que puede ser hacer amigos siendo adulto. ¿Por qué nadie nos enseñó cómo hacerlo? ¿Realmente tiene que ser así de difícil? ¿Qué nos estamos perdiendo?

Comienzo esta travesía contigo siendo consciente de dos cosas:

1. Las personas son la mejor parte de la vida.
2. Las personas son la parte más dolorosa de la vida.

Y supongo que tomaste este libro con una de esas dos verdades muy visiblemente adheridas a la mente. Así que, sea que traigas esperanza o temor (o ambos), está bien. Sospecho que, si sigues adelante conmigo, algunos de tus temores quizá se hagan realidad. Pero también creo que tus esperanzas se verán superadas.

Es posible vivir conectadas —íntimamente conectadas— con otras personas. Pero la conexión tiene un precio mayor del que muchos están dispuestos a pagar. Si eliges unirte a mí en esta aventura de edificar una auténtica comunidad, te aseguro que tu ganancia en el negocio valdrá la pena, pero va a requerir que reconsideres casi todo en tu actual vida diaria. Específicamente:

- Tus rutinas diarias y semanales.
- La forma en la que haces las compras.
- El nuevo vecindario que estás considerando.
- Vivir cerca de tu familia o no.
- La iglesia a la que eliges pertenecer.
- Lo que hagas este fin de semana.
- Y aún más profundo: cuánto te abres al tratarse de tus dificultades matrimoniales.

- Y sobre tu lucha contra la ansiedad, que está empeorando.
- Y si le harás la pregunta difícil a la persona que amas y que está bebiendo demasiado.
- Y si perdonarás y pelearás por la persona que te ha herido más de lo que nunca habías imaginado.

Todo lo que te pido en nuestro viaje requiere que arriesgues tu comodidad y tus rutinas. Todo en tu interior desea este cambio que te invito a experimentar, porque estoy convencida de que lo hemos hecho mal.

ESPERANDO LA CONEXIÓN

Aún recuerdo el día en que tuve el pensamiento de que no tenía amigas. Debo aclarar algo: tenía un montón de amigas, pero tanto ellas como yo teníamos una vida ajetreada, lo que significaba que nuestras interacciones eran irregulares y poco frecuentes. En ese momento, estaba metida de lleno en la crianza de mis hijos pequeños, y viajaba mucho dando charlas y eventos con IF: Gathering, el ministerio que lidero. Y si bien durante el camino experimentaba una gran cantidad de interacciones llenas de vida con otras mujeres, a menudo, regresar a casa implicaba cierta incomodidad. ¿Acaso alguna de mis "amigas" se dio cuenta de que me había ido? ¿Sabrán que ya regresé?

Por supuesto que no era culpa de mis amigas. Ellas también tenían sus obligaciones, compromisos, relaciones y trabajos. De hecho, probablemente se hacían las mismas preguntas sobre mí: "¿Acaso Jennie sabe lo que está sucediendo en mi vida? ¿Se preocupa al respecto?"

¿No te suena familiar? De alguna manera, todas estamos esperando que alguna conexión nos encuentre. Estamos esperando que alguna otra persona la inicie. Esperamos que alguien esté allí para nosotras. Alguien más que haga los planes o la pregunta perfectamente formulada que nos ayude a desnudar el alma.

Esto es lo que hacemos: pasamos horas a solas en nuestro abarrotado y ruidoso mundo de la pantalla iluminada, solo invertimos tiempo esporádico con conocidos, y luego esperamos que los amigos íntimos aparezcan de alguna manera en nuestra ocupada vida. Pensamos que, mágicamente, las personas conocidas deberían dar como resultado entre dos a cinco mejores amigos. Y así creemos que nuestras necesidades relacionales van a estar satisfechas.

Pero la comunidad es más grande que dos o tres amigos. La comunidad debería ser la forma en que vivimos. Histórica y prácticamente las personas en todos los países y generaciones han hecho amigos a partir de un grupo más grande de personas interconectadas. Así que, mientras comenzamos, quiero que abras tu mente a algo más grande que ese puñado de amigos que imaginaste como meta. Mi sueño para ti, el plan de Dios para ti, es edificar una cultura de comunidad en cada parte de tu vida.

Mi amigo Curt Thompson, un experto neurorrelacional, lo explica de la siguiente manera: "Cada niño recién nacido llega al mundo buscando a alguien que lo cuide".[3] Y eso nunca deja de ser verdad.

Tanto tú como yo somos pequeñas personas con esa misma necesidad.

De hecho, Dios nos creó de esa manera.

Y aun así es difícil necesitar a la gente. No; es *aterrador* necesitar de la gente, porque a veces cuando reconocemos nuestra necesidad, sentimos que no hay nadie que quiera responder a nuestro llamado en medio del caos. O al menos, eso es lo que creemos en ese momento.

EN MEDIO DEL LLANTO

Lindsay, mi amiga que te mencioné anteriormente, es de las que llama por teléfono en lugar de mandar un mensaje, llega sin avisar en lugar de preguntar si puede venir, aparece en casa y hace que me quite la bata aun cuando le digo que quiero estar sola.

Y me llama en medio del llanto, cuando está herida, lastimada y todavía confundida sobre la razón por la que se siente tan mal. Me permite entrar en los momentos caóticos, porque sabe que sufrir a solas solo hace que el sufrimiento sea peor.

Cuando lloro, saco todo y luego tal vez llamo a una amiga al día siguiente, después de haberme lavado la cara y analizado la situación, luego de sentirme totalmente preparada para entretejer algo de optimismo acerca del asunto y cubrirlo con un moño enredado y torcido. Porque odio ser alguien que tiene necesidad. Me da vergüenza mi quebranto, y tal vez en lo profundo de mi ser me pregunte si alguien realmente quisiera estar a mi lado cuando estoy llorando.

Lo que es irónico, porque cuando Lindsay me llama llorando, no hay nada que signifique más para mí. Esa llamada me hace sentir necesaria, y ¿quién no necesita que alguien lo necesite? Entonces, ¿por qué sigo fingiendo que mi propia necesidad no es real?

Obviamente no escribo este libro porque sea una experta. Lo escribo porque esta clase de comunidad genuina es esencial para vivir, pero la hemos convertido en algo secundario. Reemplazamos las conversaciones reales e indiscretas por charlas cortas. Subtitulamos las relaciones profundas, conectadas y que desnudan el alma con mensajes de texto y pasamos una noche divertida cada tanto, porque las cosas superficiales parecen ser más manejables y menos riesgosas. Pero enfrentémoslo: ya sea que tengamos una vida solitaria o profundamente conectada, la vida es complicada. La magia de lo mejor de las relaciones es el *lío*, el lío de sentarse juntas en el piso del baño, llorando abrazadas.

Pero como dije, no soy buena en esto de necesitar a los demás. Los necesito, y tampoco soy buena reconociéndolo. Y eso sistemáticamente ha dañado mis relaciones.

La tendencia a esconder mi necesidad en realidad es un tema doloroso para mí. Siempre lo fue.

Hiero a las personas.

Ellas me hieren.

Le he fallado a mis amigas. Algunas me perdonaron y otras se han alejado. Estoy segura de que, si supieran que estoy escribiendo este libro, algunas sacudirían la cabeza y revolearían los ojos. *"¿Jennie? ¿Un libro sobre la intimidad y la amistad, sobre estar para los demás durante el largo recorrido?...Mmmm..."*

Esas personas que ponen los ojos en blanco estarían en lo correcto. Si bien lo estoy haciendo mejor de lo que solía hacerlo, estoy lejos de ser perfecta en este asunto. Y, de hecho, voy a seguir trabajando en ello. Cuanto más veo la razón de nuestra necesidad y el problema de nuestra soledad, más convencida estoy de que en nuestro interior fuimos hechas para ser conocidas y amadas. Amadas y conocidas siempre y constantemente por los miembros de la familia, los amigos íntimos, los mentores, los compañeros de trabajo. Dios nos creó para que estas conexiones profundas sean parte de nuestra vida diaria, y no para que las vivamos de vez en cuando ante la presencia de un terapeuta remunerado.

NO SIEMPRE FUE ASÍ

En casi todas las generaciones desde la creación, las personas han vivido en pequeñas comunidades: cazaban juntas, cocinaban juntas, cuidaban de los hijos juntas. Sin cerraduras ni puertas. Compartían las fogatas comunitarias en el exterior y las largas caminatas a buscar agua, y hacían su mejor esfuerzo para sobrevivir día a día. Escasamente había personas solas. Vivían en comunidad, en lugares compartidos, varias generaciones juntas —aprovechaban el talento de cada uno, compartían los recursos, se conocían sus asuntos, cuidaban a los miembros de cada familia, hacían rendir cuentas a todos y se cubrían la espalda unos a otros— no solamente para sobrevivir, sino en un esfuerzo de vivir plenamente... juntos.

¿Y adivina qué? Una gran parte del mundo sigue viviendo de esta manera en la actualidad. La caza tal vez se haya transformado en huertas comunitarias y bares locales, pero casi todas las personas del planeta han vivido dentro de un pequeño grupo conformado por una docena de personas, casi siempre incluyendo a su familia, pero también a otras personas de por lo menos cinco millas a la redonda.

Existe una razón fundamental por la que nuestra generación rompió todos los récords de sentimientos de soledad.

Permítame decir claramente que la ruptura y el pecado han corrido desenfrenadamente a lo largo de toda la historia y las culturas, pero no la soledad. La esperanza que tenemos en esta travesía no es reconstruir algo viejo y roto, sino aprender de las personas que abordaron este aspecto de la vida de una manera mucho más saludable que nosotros. Sí, necesitamos la esperanza que trasciende las relaciones y la conexión terrenales. Allí es donde entra el Evangelio. Siendo uno de los primeros grupos de personas en vivir de una manera tan individualista, tenemos mucho que aprender de aquellos que eligieron la conexión por sobre el aislamiento.

Tomemos como ejemplo a Italia. Tenemos familiares allí. Algunas personas tienen familiares en Oklahoma, pero nosotros los tenemos en Italia. ¿No es lindo? Hace algunos años, Zac y yo alquilamos un apartamento vacacional económico, y junto con nuestros cuatro hijos y un montón de equipaje abordamos un avión gigantesco para pasar una semana en una pequeña villa no turística en el medio de la nada en Italia y conocer a esa extensa familia por primera vez.

Una tarde, mi esposo y yo caminamos hacia un almacén ubicado en una esquina para comprar los ingredientes para la cena que
prepararíamos esa noche. No pudimos dejar de observar al lado del
mostrador a cuatro hombres fumando, inmersos en una profunda
conversación —la clase de conversación que parecía tener lugar a
diario. Uno de ellos, según supimos luego, era el dueño, y él, junto
con los otros tres, parecían estar solucionando los problemas del
mundo. Nuestra entrada interrumpió su charla, y uno de los hombres instintivamente giró la cabeza hacia nosotros de una manera
que casi parecía enojado.

—¿Ustedes quiénes son? —preguntó.

Me reí. No estaba siendo maleducado, sino que estaba sorprendido por ver personas extrañas en su rincón del mundo. Me di cuenta
de que casi todas las personas en el almacén nos estaban mirando.
Evidentemente rompimos alguna burbuja invisible de pertenencia. El asunto era que ese lugar era un pueblo pequeño. No sé con
exactitud cuántas personas vivían allí, pero sin importar la cantidad,
se conocían. Y todas sabían que habían llegado nuevos visitantes.

Terminamos conversando con algunos y hasta el hombre que
nos había clavado esa mirada de "quiénes son ustedes" nos dio unas
galletas italianas que pensó que nuestros hijos estadounidenses
amarían.

Esa noche, mientras Zac y yo preparábamos la cena, reflexioné
sobre el particular ambiente que habíamos notado en el pueblo.
"¿Puedes imaginarte viviendo en un lugar en el que todos en la ciudad te conozcan y tú conozcas a todos? ¿Un lugar donde puedes
ir caminando al almacén, y debes ir casi a diario porque el único
mercado de la aldea solo ofrece comida fresca? ¿Un lugar donde
la compra que haces casi a diario te llevará dos o más horas porque
inevitablemente te encontrarás con una, dos o veinticinco personas
que te harán esas preguntas valiosas que hace la gente cuando no son
desconocidos ni apenas conocidos sino amigos de todos los días?"

Ahora le damos entrada a la canción *Cheers*, si eres lo suficientemente mayor como para recordarla.

Me pregunté: "¿Por qué no vivimos en alguna ciudad, algún lugar, donde todos sepan nuestro nombre, donde todos se sentirían contentos al vernos llegar?" Comencé a pensar en el lugar en el que vivíamos, en cómo vivíamos y en si algo tan simple como la falta de un almacén local podría explicar por qué me sentía tan sola en un Austin tan extendido, donde la mayoría de mis mejores amigas vivían a cuarenta y cinco minutos de viaje en auto.

Y también está Uganda. Hace algunos años, viajé allí con un grupo de personas que querían contar la historia de unos refugiados de Sudán del Sur que habían escapado al norte de Uganda. Estos refugiados no solo vivían todos juntos, sino que también trabajaban juntos. Descubrimos que también iban juntos a la iglesia, y que muchos de los niños, en caso de estar apadrinados, iban juntos a la escuela.

Nuestro pequeño grupo entró en una choza donde ya había comenzado la reunión de la iglesia y la energía del grupo nos atrajo. La gente cantaba y se reía. Grandes carcajadas. Risas que le decían al mundo que le harían frente. Enfrentarían lo que fuera que la vida les pusiera delante. Saldrían victoriosos.

Las manos levantadas se mecían de un lado al otro. Los bebés rebotaban sobre la espalda de las mujeres y las jóvenes. Los pies se deslizaban y zapateaban. El lugar vibraba mientras esas cincuenta o sesenta personas se hacían una.

Me quedé parada absorbiéndolo todo, el tarareo del lugar, el júbilo, la cooperación, los lazos de camaradería, el genuino gozo que cubría el dolor. Tenía que haber dolor, ¿no es cierto? Por supuesto que había dolor. Muchas de estas personas habían sido desterradas, habían perdido todo, incluso a los miembros de su familia, pero verlos era ver algo más… quizá determinación o paz.

Y pensé: "No lo hacemos así de bien en el lugar de donde vengo".

No nos unimos en el dolor.

Nos aislamos.

Nos escondemos.

Fingimos.

Llamamos *después* del llanto.

Y como resultado, somos completamente miserables.

Nos encerramos en casas separadas con vallas o nos quedamos dentro de departamentos bien asegurados con alarma. No decimos toda la verdad sobre nuestro dolor porque pareciera que a todos los demás les va bien y no están heridos. De hecho, tienen una vida feliz, perfecta. Decidimos que el problema somos nosotros. Nos escondemos físicamente porque si no nos ven, no nos pueden conocer. Y si no nos pueden conocer, no nos pueden rechazar; o lo que es peor, no pueden utilizar nuestra vulnerabilidad para herirnos aún más.

Vivimos resguardadas porque nos atemoriza que alguien se aproveche de nuestra vulnerabilidad.

Vi un póster de cinco pies de largo sobre las poblaciones del mundo y solo cuatro pulgadas de color azul representaba a quienes vivimos en Estados Unidos. Lo único que puedo pensar sobre nosotros, al observar ese pequeño segmento, es cuánto desearía que adoptáramos ese estilo de vida que todos los demás grupos han valorado. Quisiera que aprendiéramos a estar juntos —a llegar sin previo aviso, a charlar y acompañarnos en ruta hacia un nuevo estilo de vida— en lugar de desafiar nuestra esencia y alejarnos.

Vivimos solos, comemos solos, hacemos trámites solos y sufrimos solos.

Estoy cansada de eso.

Tú y yo estamos cansadas de eso.

Estamos cansadas *por* eso.

LAS AMIGAS HABITUALES

Sola, sentada en el aeropuerto esperando el vuelo para volver a casa, reflexioné sobre esas experiencias en Italia y Uganda, y cuál sería el espacio que debería tener la comunidad en mi vida. Y supe que quería que algo cambiara. Quería alguien más allá de mi familia que supiera lo que me sucedía, que alguien supiera que estaba regresando y que procesara todo eso conmigo. Decidí que organizar reuniones semanales era la única manera de lograrlo. Así que les envié mensajes a algunas amigas que no conocía íntimamente, les expliqué cómo me sentía y lo que necesitaba. Un puñado aceptó reunirse. Juntas, nos comprometimos a conectarnos no solo de forma ocasional sino regular e intencionalmente.

Generalmente nos reuníamos por las tardes en el patio trasero de mi casa, donde nos mirábamos a los ojos y decíamos lo que era real en nuestra vida. Si alguna de nosotras viajaba o estaba enferma, las demás nos reuníamos igual. Priorizábamos ese tiempo juntas. Durante casi tres años nos reunimos. ¿Cuánto es eso? ¿Más de cien noches juntas? Fueron dos horas en cada reunión, así que en serio tuvimos un verdadero tiempo de intimidad.

Recuerdo con claridad estar en el aeropuerto de alguna ciudad esperando el vuelo de regreso a casa, luego de dar una charla. Mi corazón latía con fuerza al saber que al día siguiente vería a mis amigas. Esos encuentros eran oxígeno para mi alma deseosa de conexión, eran bocanadas de aire fresco. Solíamos hablar sobre el matrimonio, los hijos, el trabajo y sobre Dios. Nos reíamos. Llorábamos. Suspirábamos por la desilusión y el dolor que tampoco se detuvo en esas reuniones. Debido a que conocíamos bien lo que le sucedía a las demás, nuestra recién adquirida intimidad fluía al interior de nuestra vida.

Nos ayudábamos.

Nos llevábamos comida.

Hacíamos las compras juntas.

Nos escuchábamos hablar de las pequeñas y grandes cosas que nos sucedían.

Viajábamos juntas y compartíamos.

Nos manteníamos unidas.

Hasta que dejamos de hacerlo.

Una de esas amigas me abandonó. Me refiero a que en verdad me miró a los ojos y me dijo: "Ya no quiero ser tu amiga".

Nunca olvidaré dónde estaba sentada y cómo giraba el mundo a mi alrededor mientras ella me decía que ya no podía seguir invirtiendo en nuestra amistad. Y como verás en las páginas siguientes, esta no fue la primera ni la última vez que me sucedió. Sin entrar en mucho detalle, todo fue mi culpa.

El punto es que ese día perdí a todas mis amigas habituales. Nuestro pequeño grupo se desarmó.

Y sí, todavía tengo muchas amigas en Austin. Es importante notar esa parte de "en Austin" que no es una ciudad pequeña. Austin es extensa, es cientos de ciudades en una. Si tus hijos no asisten al colegio de los míos, si no trabajas a una cuadra de mi trabajo, si no puedo llegar a tu casa caminando, si tus restaurantes favoritos no están del mismo lado del lago que los míos, entonces, quizá pareciera que vivimos en diferentes planetas, porque a duras penas nos encontraríamos. Tenía un montón de amigas ocasionales, personas que veía en momentos planeados con anticipación, en eventos completamente programados. ¡Y amaba a esas amigas! Pero en términos de las verdaderas amigas de todos los días, las mujeres que conocían mis idas y venidas diarias, los altibajos de mi familia, gran parte de lo que realmente me sucedía, las amigas con las que almorzaba eran parte de ese grupo que se había desintegrado. Ellas eran mi gente.

Y luego de esa conversación con esa amiga en particular, me volví a sentir sola.

LAS MEJORES PARTES SON TAMBIÉN
LAS PARTES MÁS DIFÍCILES

Comienzo con esta parte egoísta de la historia porque creo que es importante que entiendas cómo llegué hasta aquí. Las épocas desesperadas y gloriosas de relaciones en mi vida representan lo que es verdad tanto para ti y para mí: después de Jesús, las relaciones son los regalos más grandes que tenemos en la tierra y al mismo tiempo la parte más difícil de estar vivas.

Hay épocas en las que parece que nuestra copa de relaciones está rebosando y otras en las que nos preguntamos si alguien sabe que estamos vivas.

Tal vez seas la esposa de un pastor que conoce a toda la iglesia, pero nunca te sientes conocida.

O eres soltera y acabas de mudarte a una nueva ciudad por trabajo y tienes que volver a empezar de cero, sola.

O vives sola y te preocupa quién cuidaría a tu perro si por alguna razón tuvieran que internarte en el hospital.

O tienes un montón de personas que consideras amigas, pero no sientes una conexión profunda con ninguna.

O ya probaste con tres grupos pequeños, pero aún no encontraste aquel en el que encajas.

O tenías la mejor de las amigas, pero la vida hizo que se separaran.

O tal vez sientes que no tienes absolutamente a nadie y ni siquiera sabes dónde comenzar.

Sea cual sea la situación que te haya dejado desconectada y sin rumbo, estoy a punto de lanzarte un salvavidas.

2

LA CONEXIÓN QUE ANHELAMOS

Una aldea: es el estado de ser que todos deseamos. ¿Cómo lo sé? Porque cada vez que tengo un día estresante, adivina qué veo al final de la jornada.

El programa de televisión *Friends*.

¿Por qué nos gustaba tanto ese programa? La cafetería como un segundo hogar, las puertas que nunca estaban cerradas con llave, la vida en común, las personalidades únicas que sobresalían unas con otras sin importar lo que pasara. Durante una década, esos seis amigos hicieron todo juntos. Se rieron y lloraron, se alegraron y suspiraron; maduraron juntos. Eran leales. Eran el hogar del otro, y cuando los mirábamos, sentíamos como si también fueran nuestros amigos, como si su hogar también fuera el nuestro. Y si bien, a lo largo del camino, esos seis amigos no eran precisamente la gran cosa —eran neuróticos y necesitados, vulnerables y obsesionados, ridículos y santurrones, posesivos y completamente idiotas— lo único que nunca experimentaron fue el estar solos.

Nada me pareció más desacertado que el último episodio de la serie. Mónica y Chandler tuvieron a sus gemelos y luego se mudaron bien lejos. O así pareció. Justo cuando hubieran necesitado a sus amigos más que nunca, se conformaron con un par de columpios y un jardín. Yo estaba consternada.

Sin embargo, muchos de nosotros hacemos lo mismo.

Nos mudamos a ciudades "cool". Nos mudamos por un trabajo con un mejor salario. Escogemos la universidad por su reputación. Elegimos la iglesia por la mejor prédica. Perseguimos la casa de nuestros sueños en el barrio "correcto". Formamos nuestra vida alrededor de un conjunto de valores que nos entregó nuestra cultura terriblemente independiente y motivada por el éxito.

Pero… ¿somos felices?

POR QUÉ ANHELAMOS RELACIONES ÍNTIMAS Y PROFUNDAS

Hace algunos años fui un fin de semana a la casa de mis padres y me reuní con algunas amigas de mi niñez. Casi todas mis amigas íntimas de la escuela secundaria seguían viviendo en la misma comunidad en la que habíamos crecido. Estas chicas se volvieron adultas, se fueron de la casa de sus padres, asistieron a la universidad, se casaron y luego se compraron su propia casa a unas pocas cuadras de donde viven sus progenitores. Cuando voy de visita es como si retrocediera a mis diecisiete años. Las calles están iguales. Los árboles, si bien más grandes, siguen siendo los mismos. Los puntos de referencia, los mismos. Ellas están exactamente iguales.

En fin, esos días, después de tres o cuatro horas de estar sentada a la mesa comiendo, riendo, compadeciéndome y reviviendo cientos de recuerdos divertidísimos, comenzamos a proyectar nuestra casa de "retiro" en la playa que algún día compartiríamos cuando nuestros esposos ya no estuvieran. Estábamos bromeando (un poco), pero la idea de una vida comunal más profunda me alegró el corazón, y por mucho que amo a mi familia, hay algo acerca de esta idea de las amigas que cocinan juntas y comparten la vida cotidiana que me suena casi perfecto.

Si eres introvertida, me preocupa que estés a punto de cerrar el libro. Me doy cuenta de que estoy más programada para una conectividad relacional que la mayoría de las personas, pero por favor escúchame: aun cuando tu sueño hecho realidad no sea una casa llena de amigas, fuiste creada por Dios para relaciones profundas.

De hecho, Dios existía relacionado con Él mismo antes de que ninguno de nosotros estuviese aquí. Se llama Trinidad. Dios es uno, y Dios es tres (si nunca antes habías escuchado esto, no te preocupes. A mí todavía me duele el cerebro, a pesar de que fui al seminario bíblico). El punto clave es el siguiente: durante la eternidad, Dios existió relacionado consigo mismo como Padre, Espíritu e Hijo (Jesús).[1]

Las Escrituras dicen que el Hijo existe para glorificar al Padre, y que el Padre existe para glorificar al Hijo. También dicen que el Espíritu existe para glorificar a ambos. Eso significa que se ayudan, se apoyan, se sirven y se aman uno al otro. Es más, este intercambio ha tenido lugar durante toda la eternidad.[2]

Significa que nuestro Dios siempre ha sido relacional. Significa que nos creó *a partir de* su relación para vivir en relación; y no una relación superficial ni egoísta. No. La relación que Él tiene en mente para nosotras es

una conexión

sacrificial

íntima y continua.

Como dice el pastor Tim Keller:

La vida de la Trinidad se caracteriza no por estar centrada en sí misma sino por un amor de mutua entrega. Cuando nos alegramos y servimos a otra persona, entramos en una órbita dinámica a su alrededor, nos centramos en los intereses y deseos del otro. Eso crea una danza, en especial si hay tres personas, en la que cada una se mueve alrededor de las otras dos.[3]

Es hermoso.

Relacional. Es quienes somos, porque Dios es quien es.

Fuimos creados a imagen de Dios, que *es* relación. Esto significa que nuestro anhelo por relaciones saludables, mutuamente entregadas, comprensivas e interdependientes no significa tan solo que ansiamos algo que es bueno para nosotros (como si estuviéramos hablando de vegetales o vitaminas); ansiamos la razón fundamental por la que fuimos creados. No fuimos hechos solamente *para* la comunidad, sino debido a ella. Entretejido en las fibras de nuestra alma hay un patrón para experimentar la relación íntima con Dios y luego expresar ese amor en la familia, las comunidades y las iglesias.

Pero aquí es donde nos equivocamos. Miramos a las personas para que completen y llenen lo que solo Dios puede llenar. Esta es la razón principal por la que estamos tan descontentos. Pusimos nuestra esperanza en personas imperfectas. Pero la esperanza solo puede ser satisfecha con éxito por Dios mismo. La eternidad fue puesta en nuestro corazón, dice Eclesiastés 3:11, que significa que solo puede llenarlo una relación con el Dios eterno.

Piensa en dónde pones tus esperanzas. ¿Quién es el centro de tu afecto? ¿Quién es el centro de tu identidad? Todas hemos hecho una elección. La respuesta determinará si vivirás satisfecha o completamente desilusionada.

Si Dios está en el centro de nuestro círculo relacional, estaremos satisfechas y a partir de esa satisfacción podremos bendecir a otros. Pero si las personas se encuentran en el centro de nuestro círculo relacional, terminamos jaloneando a los demás para que llenen esas necesidades que nunca podrán ser satisfechas.

Jesús lo dijo con claridad. Cuando le pidieron que nombrara el mandamiento más importante, respondió que todos los mandamientos se resumen en este: "Ama al Señor tu Dios con todo tu corazón, con todo tu ser y con toda tu mente —le respondió Jesús—. Este es el primero y el más importante de los mandamientos. El segundo se parece a este: Ama a tu prójimo como a ti mismo".[4]

Cuando tienes a Dios en el lugar correcto, en el centro de tus afectos, será más probable que aciertes con las personas. Así que, efectivamente, esa relación viene primero, pero se supone que esa relación nos llevará a amar a los demás.

DIOS DESEA LA COMUNIDAD PARA NOSOTRAS

En las Escrituras, vemos que Dios constantemente construye comunidades. El Antiguo Testamento comienza con una familia. La familia se convierte en un grupo de gente. Esa gente se convierte en la nación de Israel. A lo largo del Nuevo Testamento, vemos el amor que Dios da a las iglesias locales.

Esta es la manera en la que Dios se mueve a través de la historia. Una familia, una comunidad, una nación y una iglesia local que alcanza al mundo. A Dios le complace que estemos juntos. A Dios le encanta que hagamos nuestra tarea juntos. A Dios le agrada que adoremos juntos. Jesús dijo: "Porque donde dos o tres se reúnen en mi nombre, allí estoy yo en medio de ellos".[5] Sabemos que a Dios le importa nuestra unidad.

La Biblia fue escrita en el contexto de personas que experimentan una vida diariamente interconectada. La enseñanza de las Escrituras a Israel y a la iglesia supone que la gente pertenezca y dependa de un grupo. De hecho, en gran parte de la Biblia, cuando dice "tú", en el hebreo y el griego originales casi siempre indica una forma plural: ustedes.

La Biblia no habla a individuos. ¡Fue escrita para personas que comparten su fe!

Esto es importante porque:

- Nos hacemos mejores los unos a los otros. "El hierro se afila con el hierro".[6]

- Nos recordamos entre nosotros sobre Dios y sus planes para nuestra vida. "Para que unos a otros nos animemos con la fe que compartimos".[7]
- Peleamos unos por otros para que el pecado no nos distraiga. "Más bien, mientras dure ese *hoy*, anímense unos a otros cada día, para que ninguno de ustedes se endurezca por el engaño del pecado".[8]
- Nos completamos unos a otros. "Lo cierto es que hay muchos miembros, pero el cuerpo es uno solo".[9]
- Nos necesitamos unos a otros para llevar a cabo el propósito para Dios. "Cada miembro está unido a todos los demás. Tenemos dones diferentes".[10]

¿Podemos acaso ser tan arrogantes como para pensar que, aunque el Dios del universo existe en comunidad, nuestra pequeña y frágil existencia puede sobrevivir sin ella? No. Existe un plan creado por Dios para que nuestra alma esté llena y satisfecha.

Si este plan es tan bueno para nosotros, ¿por qué entonces no lo priorizamos, peleamos por él y lo implementamos cada día de nuestra vida?

Dos palabras: *el enemigo.*

EL ENEMIGO ODIA LA COMUNIDAD

Piensa en ello: si Dios es relación y nos creó para relacionarnos, ¿adivina entonces quién odia las relaciones?

¡Me refiero a que, si el objetivo de Dios es la conexión profunda, íntima y llena de amor, entonces lo que el enemigo más debe odiar es que tú y yo disfrutemos de una conexión profunda, íntima y llena de amor! Y por ese motivo este libro no es de esos que te infunden ánimo al enseñarte cómo hacer amigos. Es la representación de una guerra, la descripción de dos lados diferentes y un recordatorio de que *todo* está en juego.

No es de extrañar que sintamos que cada aspecto de nuestra vida está en juego frente a nuestra conexión con otras personas. Es así.

El enemigo busca destruir eso bueno que Dios creó en la tierra a partir de su amor. El enemigo quiere dividirnos. En lugar de pelear unos por otros, quiere que peleemos unos contra otros. Quiere evitar que la gloria de Dios brille desde esa ciudad sobre la colina, en una reunión de creyentes apartados con el propósito de mostrar al mundo el amor de Dios.

Somos llamados a ser una comunidad de personas, con una misión, que agradan a Dios, que se deleitan unas con otras, redimidas y reconciliadas con el mundo y que lo acercan e invitan a ser parte de su familia. *Este* es el propósito fundamental de la comunidad.

Sí, es animarte.

Sí, es consolarte.

Sí, es pelear por ti.

En definitiva, la comunidad está destinada a abrir las puertas a cada persona sobre la tierra e invitarla a ser parte de una familia que existirá por siempre con Dios.

Sí, una vida de conexión es para tu desarrollo, pero también para la eternidad.

Debemos entender la guerra en la que estamos. Debemos entender que el enemigo es sutil y sigiloso y busca destruirte al destruir tus relaciones. No tenemos mejor defensa que tener a las personas que aman a Dios a nuestro alrededor, peleando por nosotras y peleando con nosotras.

Tal vez no creas en Dios ni en Jesús. De ser así, por favor tienes que saber que me alegra que estés aquí y que me gustaría que nos conociéramos. Y deseo que en estas páginas encuentres al Dios que te creó y que te ama y que tiene un plan para que vivas con gozo, conectada con Él y con las demás personas.

Todos anhelamos una pertenencia colectiva. Dios nos creó para ello.

Lo que debería ser una verdad para los que amamos a Jesús y lo seguimos es que, debido a que encontramos nuestra identidad en Él, iniciamos relaciones sin una lista de expectativas ni necesidades. Los seguidores de Cristo entran en relaciones humanas llenos de esperanza y llenos de confianza para amar a otros, sin importar el trato que reciban a cambio.

Oh sí; estoy totalmente consciente de que esta no es nuestra reputación. Y estoy realmente apenada si los cristianos de alguna forma te hicimos daño o le hicimos daño a las personas que amas. (Ser "cristiano" no significa estar libre de pecado. Con suerte, significa estar libre del *deseo* de pecar, pero seguimos pecando).

En realidad, nadie me enseñó más sobre la amistad que Jesús, y mientras juntas seguimos adelante en este viaje, deseo que veas cuán extraordinario y dador de gracia es Él. Jesús es el mejor amigo que te puedas imaginar, quien también nos ayuda a serlo.

¿CÓMO LLEGAMOS AQUÍ?

Como dije, casi todas las generaciones que existieron disfrutaron de una existencia en "aldea". Entre los días de Jesús aquí en la tierra y la Reforma (mil quinientos años después), existía la costumbre en todo el mundo de que por cada grupo de veinticinco jóvenes se abría una escuela. En la época de Jesús, por ejemplo, era *ilegal* que una familia viviera en un lugar que no tuviera una escuela cerca, y por cada veinticinco niños, nombraban un maestro.

Las familias cuyos hijos iban juntos al colegio también compartían los servicios religiosos; primero se reunían en las casas y luego designaban un lugar a medida que la comunidad crecía. La vida educativa, la vida social, la vida religiosa, la vida vocacional y la vida familiar fluían juntas.

Conclusión: la gente era parte de los asuntos de los demás.

Pero eso cambió de forma radical. Nuestras prioridades ya no se centran en "nosotros" sino en "mí".

El individualismo, como sabemos, tiene largas y profundas raíces en siglos atrás.

Francia vio estallar el individualismo en la anarquía masiva llamada Revolución Francesa.

Más cerca de casa, la Guerra de Independencia de Estados Unidos contra Gran Bretaña se trataba de:

Libertad.

Independencia.

Derechos individuales.

Quiero decir, vamos… Uno de los primeros actos como estadounidenses fue redactar un documento llamado "La Declaración de Independencia".

"¡Independencia!", fue nuestro grito de batalla.

Independiente se convirtió en el centro de nuestra identidad.

Ojo, estoy muy agradecida de que exista Estados Unidos, y ni por un segundo doy por sentada la libertad de la que gozamos. Pero el espíritu independiente tiene un lado oscuro. Durante los últimos doscientos cincuenta años, hemos declarado nuestra independencia con un tono y un volumen cada vez más altos, con una gran insistencia en que podemos manejar la vida por nuestra cuenta.

Desde los colonos que se dispersaban y construían una vida para su familia en este vasto país hasta la Revolución Industrial a finales del 1700 que obligó a las pequeñas aldeas de agricultores y sus familias a cercar sus propiedades y convertirse en trabajadores industriales en las grandes ciudades,[11] hemos ido en una espiral descendente, lejos de la comunidad.

La soledad comenzó a aparecer por primera vez significativamente al inicio de la Revolución Industrial.[12] Cuando las fábricas automatizaron todo, la vida de las personas se volvió más fácil y más autosuficiente. Pero la eficiencia llega con un costo muy alto, es decir, no nos necesitamos unos a otros todo el tiempo.

Debo mencionar que el ochenta por ciento de la población mundial todavía vive en grupos pequeños, basados en la comunidad; aldeas, podríamos llamarlas, donde lo mío es tuyo.[13] Pero para nosotros, aquí en occidente, la vida no se ve así.

Abrazamos el nacimiento del movimiento de la autoayuda en 1820, en el que la felicidad personal se convirtió en un premio.[14] Y luego apareció el movimiento de las redes sociales en 1997, que premia con los "me gusta" la continuidad de la marca personal y el sarcástico arte de sacar ventaja de los demás.

La independencia se volvió el principal valor de este país.

Nos lavan el cerebro al decirnos que "ser una mujer (o un hombre) que llegó a su posición actual por sus propios esfuerzos", "hacer las cosas a nuestra manera" y luchar por "el éxito personal" son los objetivos de nuestra breve y hermosa vida. Por generaciones, mordimos el anzuelo al creer que una vida aislada, individualista y autosuficiente va a satisfacernos.

Aun así, el libro sobre el que se basa mi vida, y sobre el que Dios nos formó, comienza la gran historia con las siguientes dos líneas:

"No es bueno que el hombre esté solo".

"Voy a hacerle una ayuda idónea".

Y muy dentro nuestro, sabemos que esto es verdad.

Estamos destinados a vivir en comunidad, segundo a segundo, paso a paso. No tan solo una vez a la semana o una vez al mes en una cena con amigas o durante un almuerzo luego de salir del aislado cubículo de la oficina.

Sino cada momento, cada día, por el resto de nuestra vida.

Entonces, ¿cómo se supone que luchemos contra las terribles estadísticas de soledad, contra el diablo y su plan para sabotear la conexión y esencia de la sociedad? ¿Cómo edificar lo que más le importa a Dios?

Necesitarás una aldea. Conoces el dicho: "Se necesita una aldea para criar a un niño". Bueno, también se necesita una aldea para crear una vida plena y próspera para los adultos.

Pero esta vida de aldea no sucederá por accidente.

Tenemos que construirla.

3

UNA VISIÓN PARA ALGO MÁS

En 2017, después de vivir en el mismo lugar por más de una década, con mi familia decidimos mudarnos a Dallas, Texas. "Luego de once años en la ciudad que amamos", escribí en una publicación en las redes sociales, "nos mudamos de Austin a Dallas… Durante la última semana, se complicó la situación escolar de mis dos hijos pequeños, que tenían problemas de aprendizaje. Al ver que tendríamos que desparramar a los chicos en tres diferentes colegios por toda Austin, decidimos seguir juntos y mudarnos cerca de nuestros familiares más cercanos".

La publicación era real. Pero también estaba incompleta. Sí, el asunto del colegio se había convertido en un verdadero problema. Pero también parecía que la naturaleza expansiva de Austin ya no funcionaba para nosotros. Nunca veíamos a nuestros amigos más queridos, y nuestros familiares vivían demasiado lejos como para reunirnos con regularidad. Incluso con todas las personas que amábamos en Austin, nos seguíamos sintiendo solos. ¿Mudarnos sería de ayuda?

Cuando le conté sobre nuestros planes a mi cuñada, que también es una de mis mejores amigas y vive en Dallas, no solo celebró la decisión, sino que también predijo el destino que yo temía: "Creo que los niños estarán bien, Jennie. Solo me preocupas tú. Temo que puedas sentirte sola aquí".

Tragué saliva y reforcé mi compromiso con el plan. Tanto el trabajo de Zac como mi organización podían mudarse. Incluso si no hubiera sido así, estábamos buscando una nueva forma de vivir que trascendiera el trabajo y el tamaño de nuestra casa. Estábamos listos para ver si podíamos construir una vida alrededor de las personas.

Pero ahora, déjame calmar tus miedos: lo que estamos a punto de discutir aquí no requiere que te mudes. Así que no empieces a buscar casas por internet. Algo que nuestra familia experimentó al empezar de cero me dio claridad sobre lo que se necesita para construir esta clase de comunidad profundamente arraigada, donde sea que te encuentres.

Cuando mi esposo, mis hijos y yo nos reubicamos a doscientas millas al norte de Austin, la mudanza representó el primer gran trastorno familiar en más de una década. Por años, lo habíamos logrado todo juntos, nos abrimos paso a través de la niñez de nuestros hijos y de las diferentes etapas con esas idas y vueltas que todos conocemos y amamos. Habíamos establecido las rutinas de la iglesia, la escuela, las actividades deportivas y los aspectos normales de una casa y una familia. Teníamos "nuestros" lugares para hacer las compras y pasear. La vida era un poco solitaria, pero predecible.

Luego vino la mudanza.

Excepto la familia de Zac y algunos pocos amigos de etapas anteriores dispersos por toda el área metropolitana, los seis estábamos empezando de nuevo. Con cuatro niños ansiosos y lo que había dicho mi cuñada golpeando mi usual optimismo, la apuesta parecía ridículamente alta.

El gran día, luego de sacarle una ventaja de cuatro horas a la empresa de mudanza, sin querer, Zac estacionó en la entrada de la nueva casa y exhaló. ¿Acaso sentía alivio o frustración? No lo sabía, y estoy segura de que tampoco me importaba. Estaba más preocupada por el ataque de pánico que se estaba gestando en mi interior.

Entré por la puerta principal del lugar que se suponía que sería nuestro hogar. La ciudad se percibía más vacía que las habitaciones. Nos sentíamos perdidos aquí.

No solo no sabía dónde hacer las compras ni conocía una peluquería, sino que también tenía cuatro niños que necesitaban amigos, doctores, tutores, mentores, personas a quienes llamar "grupo de pertenencia". No sabía a dónde acudir para pedir ayuda. El dolor por tener necesidad de todo y no conocer a nadie se intensificó. Estaba segura de que podríamos arreglar nuestro hogar en unos días. Pero ¿podríamos volver a acomodar el alma?

—¡Oh, no! ¡Me olvidé de agarrar las alfombras! —le grité a Zac.

—¿Qué? —me preguntó distraído por los paquetes que había que bajar del auto.

—¡Las alfombras! —estaba a punto de llorar. La empresa de mudanza estaba por llegar, preparada para descargar todas nuestras cosas, y si yo hubiera podido poner esas estúpidas alfombras antes de que llegaran, podríamos comenzar a armar nuestra vida. Pero las había olvidado. No era nada, pero era todo. Me daba vueltas la cabeza.

Zac vio un destello de temor en mis ojos. "Iré a buscar algunas alfombras", me susurró al pasar.

Los días previos a la mudanza tuve en mente la idea de llamar al pastor de la iglesia a la que pronto iríamos. ¿Conocía alguna joven amable y responsable que pudiese ser nuestra niñera? Cooper, el más pequeño, tenía nueve años en ese entonces, y si bien muchos niños de esa edad no necesitan mucha supervisión, las revoluciones por minuto de Cooper siempre fueron altas. Entre lo ocupada que estaba con la mudanza, la transición de IF: Gathering a una ciudad nueva, la locura general de acomodar una casa para seis personas y mi propia caída emocional en picada, estaba segura de que la presencia constante de alguien sería un regalo para Cooper, y para mí.

Después de un viaje de dos horas por la autopista I-35 y de descargar el auto, me encontraba sentada sobre el piso del comedor de nuestra casa nueva y vacía, llorando avergonzada a más no poder delante de la joven y encantadora Caroline Parker, que probablemente se preguntaba qué diablos estaba haciendo ella ahí.

"Necesito ayuda", le dije, como si no fuese obvio.

Caroline permanecía sentada, completamente inmutable, ganándose mi confianza con su presencia silenciosa y sin juzgarme. "No me estreso con facilidad", me dijo.

Le dije que seguramente nos llevaríamos bien.

En medio de mi desesperación, Dios me regaló una niñera que estaba en la universidad y que amaría a mis hijos, doblaría cantidades de ropa recién lavada por mí, trabajaría en IF: Gathering, se volvería parte de nuestra familia y terminaría convirtiéndose en una de mis colegas y amigas en esta ciudad, incluso hoy.

Caroline Parker en poco tiempo me enseñó que mi pequeña aldea en esa ciudad: (1) llegaría debido a mi necesidad y desesperación, y no a pesar de eso, y (2) sería edificada de formas inesperadas y con personas inesperadas.

MÁS QUE UNAS CUÁNTAS BUENAS AMIGAS

¿Por qué será que la pregunta más frecuente que leo en mis redes sociales es "cómo hago amigas"? Con todos los problemas que enfrentamos como sociedad, debes pensar que estoy exagerando, pero le pregunté a mi equipo y me lo confirmaron: esta es *la* pregunta.

Suena como si fuera algo que preguntarían los niños de primer grado, ¿no es cierto? Mis hijos tuvieron que desarrollar esa habilidad cuando comenzaron el colegio. Pero es algo que preguntan las mujeres de sesenta años, las de veinticinco, y hasta las madres jóvenes. Y lo entiendo, porque a la mayoría de nosotras el arte de hacer y mantener amigos nunca se nos explicó detalladamente.

Aprendimos a leer y a escribir, el nombre de los planetas, cómo vestirnos y conseguir trabajo, incluso cómo tener sexo, pero nunca nadie se sentó y nos enseñó cómo hacer amigos o cómo ser una amiga.

¿Es posible que estemos haciendo la pregunta incorrecta? Hacer amigas, sí, es una preocupación, tanto como mantenerlas. Pero ¿qué pasaría si el círculo íntimo que buscamos se encontrara en realidad en la red más amplia de la aldea que nos estamos perdiendo?

Esperamos que lleguen esas pocas amigas perfectas y luego esperamos que jueguen muchos papeles. Buscamos que sean *todo* para nosotras. ¿Y qué pasaría si el poder de un pequeño grupo de amigas radica en que cada una de ellas aporte diferentes cosas a tu vida?

Me divierto con las que siempre hacen planes y me hacen reír. Tengo sabias amigas que me aconsejan y me llaman. Tengo esas que me alientan, celebran mis logros y me dicen que lo estoy haciendo bien. Tengo otras que me desafían a cambiar mi forma de pensar, las suposiciones que hago y me empujan a tomar mayores riesgos.

Si esperara que solo una o dos personas cumplieran esos roles, nadie daría en el clavo. También es verdad que si no apreciara el rol singular que esas amigas cumplen en mi vida, me volvería loca porque la amiga "que me desafía" no celebra mis triunfos, o la amiga "llena de sabiduría" no es graciosa todo el tiempo.

Si empiezo a ver que Dios puso diferentes personas en mi vida para bendecirme de distintas maneras, entonces puedo aceptar lo que son y descansar en lo que yo aporto a la relación. Estas palabras que C.S. Lewis escribió después de perder a un querido amigo en común con J.R.R. (Ronald) Tolkien me ayudaron a ver la manera en que mis diferentes amigas y su valor único en mi vida son irremplazables.

"En cada uno de mis amigos hay algo que solo algún otro amigo puede despertar. Yo mismo no soy los suficientemente grande como para poner en actividad al hombre por completo; quiero que otras luces además de las mías muestren todas sus facetas. Ahora que Charles ha muerto, nunca volveré a ver la reacción de Ronald ante un chiste específico [de Charles]. Lejos de tener más de Ronald, de tenerlo para mí ahora que Charles ya no está, tengo menos de Ronald".[1]

Quizá la pregunta que en realidad nos estamos haciendo detrás de "¿cómo hago amigos", sea "¿cómo puedo pertenecer a una comunidad íntima de personas?"

NECESITARSE UNOS A OTROS NO ES UNA DEBILIDAD SINO UNA FORTALEZA

Mientras estaba sentada sobre el piso del comedor de nuestra nueva casa en Dallas que, como recordarás, todavía no tenía muebles, y lloraba frente a nuestra nueva niñera, Caroline, al tiempo que me sentía sola y con miedo, tuve un vívido recuerdo.

Recordé Ruanda, donde Zac y yo viajamos para conocer a nuestro nuevo hijo, Cooper. Era a finales de la primavera de 2011, y yo era la pasajera de una pequeña camioneta destartalada que iba observando a través de la ventana mientras el conductor nos sacudía a lo largo de una calle llena de baches. Cada poco, veía uno y otro grupo de mujeres de diferentes edades caminando juntas, con jarras de agua que balanceaban sobre su cabeza en ruta a su casa. No podía entender lo que decían, pero sus rostros transcendían el lenguaje. Charlaban. Reían. Completaban los espacios vacíos de cada una. Se amaban mucho. Eran cercanas. Todas eran cercanas. No eran apenas un grupito: eran una comunidad. Una aldea. Una ciudad entera que conocía todo sobre todos; y era mejor para todos, sin duda.

"Le están dando a su hijo una mejor vida", nos decían las personas de este país cuando regresamos a casa y trajimos a Cooper con nosotros. Pero yo conocía la verdad. Sí, él tendría una familia y sus necesidades estarían satisfechas, pero también lo habíamos arrancado de una cultura vibrante e interdependiente para traerlo a un Estados Unidos hiperindividualizado. Lo trasplantaba a la tierra de la soledad rápida, mientras oraba para que los cuatro años que había vivido en Ruanda lo mantuviesen conectado a una forma de vida relacionalmente más sana. Por eso, me comprometí , conmigo misma y con él, a llevarlo a su país natal lo más seguido posible. No quería que perdiese ese vículo, que perdiese el sentido de comunidad de su cultura originaria.

"En Estados Unidos hacen todo solos", me recordaba siempre nuestro querido amigo de Ruanda, el pastor Charles Mugisha. "Nosotros, [los ruandeses] hacemos todo juntos".

Para bien o para mal, en la estructura de aldea tradicional, todas las personas sabían tu nombre.

Lo más duro de todo era que todos conocían tu dolor.

Pero una y otra vez, todos estaban allí para ayudarte a sobrevivir, para ayudarte a atravesar esta cosa llamada vida.

Dejamos de necesitarnos en algún momento de la transición entre cazar, recolectar y cocinar juntos, a lo que hacemos ahora de recibir las compras en la puerta de nuestra casa o traerlas en el baúl del auto. Ya no necesitamos a los demás para sobrevivir. Ni siquiera necesitamos pedir prestado un huevo.

¿No es cierto?

La profesora y autora Brené Brown cuenta la famosa historia de un grupo de mujeres de una remota aldea de África que pasaba las tardes a la orilla del río lavando a mano la ropa de su familia.[2] Allí, a la luz del sol, intercambiaban historias. Se hacían preguntas. Se hablaban para saber cómo estaban. La mayoría de los días, se reían tanto al punto de llorar.

Estas mujeres estaban hundidas en la agonía de la pobreza, pero solo se notaba por la ropa andrajosa y el obvio detalle de tener que lavarla en agua sucia.

Pero un tiempo después, toda la aldea experimentó un cambio enorme en sus recursos, luego de que los habitantes aprendieran a plantar y a cosechar. Pudieron vender las frutas y los vegetales en una ciudad cercana. Con los nuevos ingresos, pudieron comprar uniformes para sus hijos y mandarlos al colegio. Pudieron mejorar las modestas chozas en las que vivían y cambiarlas por estructuras sólidas y permanentes. Pudieron conectar su vida a la electricidad. Pudieron cavar pozos y finalmente tener agua potable. Hasta incluso pudieron comprar algunas comodidades modernas como teléfonos celulares, tostadoras y lavarropas.

Curiosamente, una vez que casi todos los hogares de la aldea tuvieron su propio lavarropas, la frecuencia de la depresión entre las madres de la región creció bruscamente. ¿Qué sucedía si la aldea estaba progresando? ¡Mira todo lo que tienen ahora!

La explicación podría no ser obvia para ti ni para mí, pero lo es para personas como el pastor Mugisha, que creció en una familia de refugiados luego del genocidio de Ruanda de 1994. Después de venir a los Estados Unidos por primera vez, hizo la siguiente observación: "Cuantos más recursos tiene una persona, más paredes levanta. Y más sola se va quedando".

EL PRINCIPIO Y EL FIN

Vamos a dar un paso atrás solo por un minuto para adquirir perspectiva. Quiero comenzar con el final en mente. Si conozco el objetivo, entonces puedo construir una estrategia efectiva para alcanzarlo.

Así que vayamos hasta el final, el cielo, donde estaremos rodeados de personas que aman a Dios, personas de todas las naciones, de todas las tribus.[3] Estaremos juntos para siempre, sin muerte, ni división, ni comparaciones, ni peleas; sin pecado. No solo cantaremos en algún coro celestial, sino que eternamente viviremos, trabajaremos, nos relacionaremos, comeremos, amaremos, adoraremos y disfrutaremos a Dios por siempre unidos a un diverso grupo de personas que reconoceremos y que nos reconocerán.

Ese es el futuro hacia donde nos encaminamos.

Pero bien, ahora volvamos al comienzo para ver cómo llegamos a donde estamos ahora.

No podemos ir más atrás de Génesis 1:1: "Dios, en el principio".

Como ya mencionamos, Dios existe en comunidad y nos creó a partir de su amor. Génesis 2:18 dice que después de que Dios había creado a la única persona en la tierra, Adán, dijo: "No es bueno que el hombre esté solo".[4]

Así que creó a Eva. Luego les dio a Adán y a Eva todo lo que necesitaban para prosperar, crecer y vivir juntos en la tierra. Los dos primeros seres humanos vivieron juntos y con Dios en el jardín del Edén. Estaban desnudos y no tenían vergüenza entre ellos ni delante de Dios. Tan solo tenían libertad, un bello amor y la seguridad de una relación auténtica. Compartían el objetivo de cuidar la creación. Se les puso un límite (uno solo). Y tenían todo el tiempo del mundo para disfrutar a Dios, su creación y disfrutarse mutuamente.

Cuando reduzco la velocidad y considero en verdad cómo era la vida en el jardín del Edén, veo cinco realidades:

1. Proximidad: disfrutaban una cercanía física entre ellos y con Dios.
2. Transparencia: estaban desnudos y no tenían vergüenza, eran conocidos y amados por completo.
3. Responsabilidad: vivían sometidos a Dios y el uno con el otro.

4. Un propósito compartido: se les dio un claro llamado a cuidar la creación.

5. Coherencia: no podían abandonarse. Se necesitaban y compartían todo.

Estas cinco "degustaciones del cielo" nos dan un panorama para edificar una comunidad saludable hoy. Dios estableció una comunidad perfecta por la que podemos trabajar para recuperar aquí y ahora.

LAS REPERCUSIONES DE LA INDEPENDENCIA

Digo "trabajar para recuperar" porque es lo único que podemos esperar en nuestra realidad actual. Debido a que Adán y Eva querían independencia más que conexión, se rebelaron contra la autoridad de Dios, así que la vergüenza entró en la relación, perdieron la proximidad con su Creador, corrompieron el propósito dado por Dios y el tiempo hacia la tumba comenzó a correr. El pecado entró al mundo.

Desde el comienzo de los tiempos, peleamos con fuerza por la independencia que pensamos que queremos —no solo Adán y Eva, o tú y yo, o las tres de cada cinco personas que reconocen estar solas la mayoría del tiempo[5]— sino casi todos los seres humanos que hayan vivido sobre la faz de la tierra.

"No hay un solo justo, ni siquiera uno;
no hay nadie que entienda,
nadie que busque a Dios.
Todos se han descarriado".[6]

Es la historia de la humanidad. Vemos las repercusiones de la independencia en todos lados. Pero en ningún otro lado se ve mejor que en las relaciones humanas.

Todos herimos a otros. Todos pecamos. Todos alejamos a las personas. Todos somos culpables.

Nada me ayudó más en mi vida relacional que aceptar estas simples verdades:

Tú me vas a decepcionar. Yo voy a decepcionarte a ti. Dios nunca va a decepcionarnos.

Aceptar esto cambia nuestras expectativas hacia las personas y hacia Dios. Y Él puede manejar nuestras expectativas.

4

ENCUENTRA A TU GENTE

Después de que Zac y yo aterrizamos en Dallas, no perdimos tiempo en buscar una iglesia a la que nuestra familia pudiera llamar hogar. Con cuatro niños que experimentaban varios niveles de ansiedad por el nuevo comienzo, sin mencionar mi propia caída en picada, necesitábamos actuar rápidamente. No nos pusimos a buscar iglesias nuevas, sino que simplemente elegimos regresar a la que habíamos ido doce años atrás, cuando habíamos vivido en Dallas por el breve tiempo que fuimos al seminario bíblico.

Luego, cuando supe que la consejera de campamento que había tenido veinticinco años atrás vivía en la misma ciudad e iba a la misma iglesia, dejé a un lado la vergüenza que me provocaba prácticamente no tener amigas y le pregunté si quería ser mi amiga.

Para ser justa, no sucedió exactamente así. Pero así lo sentí. Michelle solo tiene tres o cuatro años más que yo, pero debido a nuestro vínculo de cuando era adolescente, tomé el riesgo de iniciar una conversación. Cuando llegó a la cafetería y noté que tenía muy poco maquillaje y vestía una remera lisa y un pantalón corto deportivo, supe que seríamos buenas amigas. Esto era Dallas, donde los estándares de vestimenta para hacer las compras compiten con el atuendo de boda de Austin.

No puedo describir lo importante que fue esta simple decisión en el rumbo general de las cosas. No me creerás cuando te diga esto, pero una simple llamada por teléfono, un mensaje de texto aparentemente sin importancia, pueden cambiar por completo el curso de la historia; puede poner en movimiento una cascada de sucesos.

Resultó que Michelle estaba en proceso de unir un pequeño grupo a la iglesia.

—¿Conoces los grupos pequeños? —me preguntó al tiempo que sus ojos revelaban un poco de duda.

—¿A qué te refieres? —le dije igualando el tono de su conversación.

—Te unes a ellos de por vida —me respondió. — Nuestra iglesia, como pronto descubriría, toma la comunidad muy, muy en serio.

Se toma en serio el decir la verdad sobre tus problemas.

Se toma en serio el decir *toda* la verdad sobre tus problemas.

Se toma en serio el contar los detalles sobre tu economía.

No bromeo, ni un poquito. En estas comunidades, *todo* es juego limpio.

Así que, mientras me daba una pequeña idea del punto de vista de la iglesia sobre los grupos pequeños, Michelle expresó: "¡Tú y Zac podrían unirse a nosotros!"

Oh. No.

—No, gracias —quería decir: *"Gracias*, pero *no"*.

Quería amigas, pero también necesitaba un poco de tiempo para estar segura de que nos estábamos uniendo a las personas correctas. Dejando de lado algunas amistades fallidas de Austin, la sola mención de un compromiso de por vida me hizo instintivamente dar un paso atrás. Desde entonces, aprendí que muchos de los grupos pequeños no llegan a superar las cuatro décadas o un poco más, aunque se lo propongan. Pero sentí la presión.

Tiendo a ser sociable en situaciones sociales y volverme extremadamente extrovertida, comprometida y divertida. Pero si subes la apuesta y profundizas en cómo está yendo mi vida *de verdad*, entonces, los muros se levantan muy rápido. ¿Y ahora se suponía que un puñado de perfectos extraños iba a tener acceso a mis pensamientos más profundos? ¿Mis deseos? ¿Mis hábitos de consumo? ¿Mi uso del tiempo? Caramba.

En este punto debería mencionar que esa conversación tuvo lugar hace casi cuatro años, y Zac y yo nos arriesgamos y nos lanzamos hacia ese pequeño grupo de personas del que al día de hoy seguimos siendo parte. ¿Y esos amigos que no elegimos intencionalmente? Son algunos de nuestros mejores amigos.

No me malinterpretes: en muchas vueltas que hubo a lo largo del camino, las cosas entre las personas de ese grupo y nosotros fueron bastante difíciles. En especial al principio: ¡sí que fueron incómodas! Sí, INCÓMODAS.

De no haber estado tan desesperada por encontrar a mi gente, probablemente hubiese huido. Gracias a Dios, me quedé. Gracias a Dios, cuando llegó la invitación para comprometerme con una comunidad sincera, auténtica y a largo plazo, susurré un *sí* sincero. Ese simple *sí* cambió todo.

¿QUIERES ESTO?

Déjame asegurarte que en la actualidad tengo mi aldea. A partir de ese encuentro en la cafetería, entraron a mi vida un puñado de amigas. Escucharás más al respecto al ir avanzando. Mi red de personas es diversa e indiscreta, me sostiene y nos mantiene unidas. Las amo y son parte de mi vida casi cada minuto del día. Y quiero eso para ti, si aún no lo tienes. Lo más importante es que Dios quiere eso para ti.

Sospecho que tú también lo quieres.

Creo que por eso estás aquí. Supongo que estás aquí porque estás cansada del dolor. Supongo que las personas te han herido y deseas que haya alguna otra manera de hacer esto. Supongo que buscas una visión y las herramientas para ayudarte a construir relaciones más saludables. Imagino que, a esta altura del libro, debes sentir un poco de temor. Temes que este libro no aporte ningún alivio a tus deseos, anhelos y sueños más profundos, y que posiblemente todo el sistema esté quebrado por completo.

Si esta es tu percepción, entonces escúchame, por favor: debido a que nuestro mundo actual está edificado sobre esta independencia tan desenfrenada, se necesitará una intención deliberada para volver a la clase de relaciones que Dios tiene en mente para que disfrutemos.

Pero *podemos* volver.

A esta altura seguramente estés diciendo: "¡Suena genial! Me encantaría encontrar a mi gente, pero lo he intentado y, generalmente, las personas son increíblemente tóxicas y agotadoras. ¿Estás segura de que es una buena idea?"

Te comprendo.

Elegir a nuestra gente no es tan simple como encontrar personas con quienes lavar la ropa a la orilla del río o dar un paseo; necesitamos que esas amigas sean en verdad sanas. No perfectas, pero tampoco tóxicas, ¿es mucho pedir?

NUESTRO MODELO PARA UNA VIDA EN COMUNIDAD

Anteriormente mencioné que Jesús me había enseñado sobre la amistad mucho más que nadie. Déjame contarte por qué me gusta tanto lo que me enseñó.

Siempre me identifiqué con las palabras del Salmo 8:4: "*¿Qué es el hombre, para que en él pienses?*" (énfasis mío). Entiendo la pregunta. Si hay un Dios que puso todo esto en movimiento

—¡y lo hay!—, y si existe desde siempre, y si comenzó este grande y maravilloso giro de la Tierra y creó a cada ser humano que haya vivido y respirado, entonces, ¿cómo puede ser que Dios se preocupe por nosotros, seres pecadores y quebrantados?

Además, si las personas pecadoras se niegan a acercarse a ese Dios y reconocer a ese Dios y amar a ese Dios y a entregar su mente, cuerpo y espíritu a ese Dios, entonces, ¿quién en su sano juicio podría culparlo por castigarlos a todos? ¿Por qué *no* enviar un meteorito enorme y eliminar toda la Tierra de un solo golpe?

Efesios 2 nos dice que todos —tú, yo y todas las personas que jamás hayan vivido— estábamos muertos en nuestras transgresiones y pecados, y que éramos hijos de la ira, (esto es, básicamente, que nos merecíamos ese meteorito).

"Pero Dios, que es rico en misericordia, por su gran amor por nosotros, nos dio vida con Cristo, aun cuando estábamos muertos en pecados".[1]

Pero Dios.

A través de Cristo.

Por su amor.

Nos rescató.

Nos dio vida.

Déjame contarte cómo estas frases lo cambian todo.

El hecho de que Jesús nos rescata del pecado y nos da una salida no solo cambia nuestro futuro eterno con Él, sino que también nos fortalece para amar como Él. "Todo esto proviene de Dios, quien por medio de Cristo nos reconcilió consigo mismo y nos dio el ministerio de la reconciliación".[2]

Tú y yo estamos aquí para dar esa reconciliación y esperanza a las personas que viven, respiran, están deshechas, y que anhelan algo más. Dios te puso en este lugar y en este tiempo con el propósito de que ames a las personas de tal manera que ellas encuentren el camino a Él y lo sigan.[3]

¡Jesús no solo nos provee los medios para una vida completa y próspera los unos con los otros y con Dios Padre, sino que también demostró cómo sería! Eligió venir al mundo no solo a morir por nuestros pecados sino también a mostrarnos cómo vivir como hijos de Dios.

Así que veamos un par de cosas que debes saber de cuando Dios vino a la tierra:

- Jesús nació en una familia terrenal, con una mamá, un papá y hermanos.
- Creció en un barrio con familias amigas y con otros niños.
- Aprendió un oficio —carpintero— de su papá.
- Experimentó la tentación, pero nunca pecó.
- Se rio, aprendió, cantó y creció en el contexto de una aldea.

Encontró a su gente en lugares inesperados, no en universidades o templos. Su "gente" eran prostitutas, pescadores sin educación, recaudadores de impuestos odiados por todos, niños, suegras. A menudo, a la vista de cualquier espectador, se trataba de la etnia equivocada, el género equivocado, la edad equivocada, la posición social equivocada, la clase de personalidad equivocada, las personas equivocadas.

La gente de Jesús era toda la que no se supone que debería haber sido, pero era gente que estaba *dispuesta*. Y que *quería*. Y que se la jugaron.

Ese parece ser el único indicador universal de los grupos pequeños de personas con los que Jesús elegía pasar el tiempo. Estaban dispuestas. Querían. Apostaron con todo.

Quizá recuerdes que Jesús tenía la costumbre de apartarse de las multitudes y comer con los más cercanos. Alejó a las multitudes y eligió a doce. Entre los doce, había tres con los que pasaba la mayor parte del tiempo. Eran las personas más íntimas, las personas en las que más confiaba. ¿La versión abreviada? Está bien ser selectivo a medida que avanzamos. Necesitarás serlo.

Jesús y su gente ayudaron a muchas personas a "sentir el camino" hacia Dios. Lo que comenzó en una aldea con un grupo unido de personas alcanzaría generaciones y llegaría hasta lo último de la tierra. Este es el desenlace de la comunidad: encontrar nuestra gente, y juntos edificar puestos de avanzada preciosos y seguros que ofrezcan el amor de Dios.

La comunidad del tamaño de una aldea funciona porque fuimos creados para manejar ese tamaño; tú sabes, entre cinco y quince como máximo. Internet no es tu aldea. No tienes que solucionar cada problema que escuchas en las noticias. Estamos cansadas de intentarlo.

Necesitamos reedificar nuestra infraestructura con aldeas saludables y comprometernos a ser participantes saludables en las que construimos. Habrá momentos en que no parezca ser algo fácil o alegre. Necesitamos una profunda convicción en los huesos para seguir en ello y no vivir en soledad.

Tú y yo deseamos una conexión profunda. Queremos a alguien que conozca nuestros secretos más oscuros y nos ame igual. Pero esa clase de comunidad no llega de forma natural. Tenemos que buscarla y luego luchar para protegerla una vez que la tenemos.

NO VA A SER PERFECTO

Una aclaración, antes de comenzar: tú y yo somos personas enfermas. Con suerte, no estamos completamente enfermas, pero es seguro que lo estemos un poco. Todos tenemos espacios de pecado en la vida, y ni tú ni yo somos diferentes. ¿A dónde quiero llegar? Nunca encontrarás a las personas perfectas para compartir tu vida porque esas personas no existen.

Siempre compartirás la comunidad con pecadores.

Con eso en mente, enfocamos este trabajo con humildad. *Mucha* humildad. Al mismo tiempo, las Escrituras nos dicen que utilicemos el discernimiento sobre las personas con las que compartimos la vida.

¿A quién estamos buscando?

En la "aldea" que Zac y yo formamos hay dos categorías de personas con las que paso el tiempo.

Las personas que me necesitan.

Las personas que yo necesito.

Las personas que me necesitan quizá no tengan mucho para ofrecerme a cambio, pero el punto no es lo que pueden darme. Estoy allí para amarlas, servirlas y alentarlas; es todo.

¿Recuerdas la cultura de comunidad de la que hablé en el capítulo 1? Nuestra vida debería ser edificada alrededor de las capas de amistades cada vez más significativas de personas conocidas, hacia nuestra aldea, nuestro círculo íntimo. Imagínalo de la siguiente manera:

¿QUIÉN ESTÁ EN TU CÍRCULO ÍNTIMO?

En los próximos capítulos vamos a hablar sobre los patrones de vida que te ayudarán a encontrar a tu gente y a profundizar tus relaciones. Pero antes de adentrarnos en esta tarea, es importante hablar sobre lo que estás buscando.

Primero, recuerda que tu círculo íntimo no puede ser enorme, no más de cinco personas. Llevamos una rutina ocupada y no tenemos el margen de tiempo para "hacer la vida" de una manera seria con un grupo de veinte personas. Si tienes veinte personas en tu vida, las llamaríamos *conocidos*. Tu círculo íntimo está formado por las personas que te siguen de cerca día tras día y que conocen el estado de tu corazón. Son aquellas a las que llamarás para contarles que has tenido una pelea con tu esposo, o una dificultad en el trabajo, o un temor, o un pecado con el que estabas peleando.

Mi círculo íntimo está formado por un puñado de personas imperfectas que me ven, me conocen y están dispuestas a que yo las vea y las conozca. Son imperfectas, es cierto. Pero están decididas a crecer y ser más como Cristo, y ese es el parámetro para mí. No tenemos el mismo punto de vista en todo ni educamos a nuestros hijos de la misma manera. Pero compartimos en común la búsqueda de Dios. Amo más a Dios gracias a ellas. Y seguramente ellas dirán lo mismo de mí.

Quizá estés pensando… *"¿Dices que mis amigas tienen que ser amigas entre ellas?"* No. Probablemente vengan de diferentes partes de tu vida. No nos referimos a cinco personas que se conocen entre ellas. Yo podría ser una de las cinco de tu grupo, pero las otras cuatro tal vez no sean parte del mío. Tu gente podría venir de distintos grupos.

Entonces, ¿qué deberías buscar?

Disponibilidad. Busca personas que digan sí y aparezcan en tu casa aun con los niños a rastras, incluso con una casa desordenada o antes de tener oportunidad de darse una ducha.

Humildad. Busca personas dispuestas a decir cosas difíciles y a recibir cosas difíciles. Necesitamos humildad para hacer que las cosas funcionen, y el crecimiento solo tiene lugar en nuestra vida si no somos tan arrogantes como para pensar que no necesitamos cambiar o que el problema es de otro.

Transparencia. Hablaremos al respecto más adelante, pero por ahora, busca a alguien que se niegue a esconder, alguien que diga lo que realmente sucede en su vida. Detecta aquellos que expresen la verdad difícil y complicada en lugar de una versión depurada que pasa un poco más fácil.

Obviamente, las amistades saludables no dejarán de tener conflictos, pero en mi experiencia estas tres cualidades de una relación ayudan a los pecadores a permanecer juntos a lo largo del tiempo.

Aquí debería mencionar que el apóstol Pablo no tenía temor de advertirnos sobre afiliarnos con personas enfermas. Pablo habla sobre las personas que deberíamos evitar, aquellas que pareciera que vivieran de la siguiente manera: "adoran al dios de sus propios deseos y se enorgullecen de lo que es su vergüenza".[4] En otras palabras, las personas que están cómodas en el pecado, las que erróneamente creen que no tienen que cambiar; esas no tendrían que ser las que forman tu círculo íntimo.

Si te alías con personas como estas, te sentirás satisfecha con rapidez. A la carne le encanta no molestarse por el pecado. Aléjate corriendo —no caminando— de personas tóxicas que te llevarán por el camino del pecado y te apartarán de Dios. En cambio, elige amigas que peleen por ti, que peleen junto a ti, amigas que estén tan comprometidas como tú en la lucha contra la oscuridad.

Ora por esto.

Ora a Dios en este momento por estas personas.

Incluso si hace tiempo que no oras, ahora cierra los ojos y arma frases pidiéndole a Dios que te ayude a encontrar a las personas con quienes llevar esta vida. Él puede dártelas de formas inesperadas. Cree que puede y desea bendecirte con personas que vivan contigo esta vida difícil.

Y ora para convertirte en esto.

No podemos tener aquello que no estamos dispuestos a ser.

La idea de Dios sobre la comunidad es una conexión profunda, intencional y diaria, todo el tiempo llena de amor, con mutuo apoyo entre todos, unidos más que hermanos, en la que nombramos cada pecado, corremos juntos la carrera, en la que nos animamos cada día.[5]

La realidad del diseño intencional de Dios está claro no solo a través de su Palabra sino en los hechos que se pueden observar científicamente.

Durante años, las personas inteligentes han buscado la razón por la que la gente que vive en los lugares más felices de la tierra —llamadas "zonas azules"— experimentan una mejor calidad de vida, una mayor cantidad de vida y una mejor vida en general.[6] ¿Acaso es la dieta? ¿Es la ubicación con respecto al Ecuador? ¿Es su rutina de ejercicios? ¿Por qué las personas que viven en estos lugares específicos —Okinawa, Japón; Cerdeña, Italia; Nicoya, Costa Rica; Icaria, Grecia y Loma Linda, California— viven mucho mejor que el resto de nosotros? ¿Qué es lo que deberíamos hacer?

Según parece, la razón por la que aquellas aldeanas con su nuevo lavarropas se deprimieron, y la razón por la que los habitantes de los lugares más felices de la tierra se desarrollan de esa manera tan particular es la misma: *camaradería*.

No se supone que vivamos nuestros días en soledad.

No se supone que aprendamos solas.

Ni que trabajemos solas.

Ni que hagamos las tareas de la casa solas.

Ni que nos relajemos solas.

Ni que celebremos solas.

Ni que lloremos solas.

Ni que tomemos decisiones solas.

EL EXPERIMENTO

Anteriormente te conté cuál era mi misión con este libro: quiero que cambiemos las vidas solitarias y aisladas que experimentan ráfagas de conectividad, por vidas íntimamente conectadas que solo conocen breves intervalos de sentimientos de soledad.

Si te has quedado atascada en el sentimiento de soledad por mucho tiempo o has sido un poco perezosa cuando se trata de las relaciones o un poco obstinada y descortés con tus amigas, puede ser realmente difícil cambiar ese comportamiento. Odio decírtelo, pero gran parte de nuestro problema no tiene que ver con los demás. Se trata de nosotras. Debemos convertirnos en la clase de personas que queremos tener en nuestra vida. Entonces, ¿cómo cambiamos?

¿Estás lista para un pequeño experimento? Durante las próximas cinco semanas, quiero que te conectes con cinco personas con las que no estás profundamente conectada hasta el momento.

Como mencioné en mi libro *Controla tu mente*, tú y yo tendemos a tener los mismos pensamientos negativos y tóxicos día tras día. De hecho, según explican los investigadores, el ochenta por ciento de nuestros pensamientos son negativos. Otros estudios también revelan que el noventa y cinco por ciento de nuestros pensamientos son repetitivos.[7] Lo mismo sucede con nuestras relaciones y comportamiento. Cuando tenemos los mismos pensamientos, manifestamos el mismo comportamiento, y ese comportamiento impacta de forma similar.

En la próxima sección del libro lucharemos contra el patrón de soledad de nuestra vida al implantar cinco prácticas que, unidas al hecho de tener a Dios en el centro de esas interacciones, edificarán relaciones más profundas y sanas.

Cuando nos mudamos a Dallas y comenzamos de cero, pensé en cómo podía recrear lo que había visto por el mundo, cómo podía encontrar a mi gente y vivir en una comunidad más profunda, cercana y dadora de vida junto a esa gente. Encontré cinco patrones que eran compatibles en las aldeas y que pueden ser parte de nuestra vida donde quiera que vivamos, desde los suburbios, Manhattan, un apartamento, pequeñas ciudades o las habitaciones de la universidad.

Es lo que vamos a edificar en nuestra vida si sigues conmigo en este viaje:

Proximidad: las fogatas comunales siempre han estado en el centro de la vida de una aldea, lo que atraía a los vecinos a cocinar juntos, a celebrar, a reunirse después de la oscuridad y conectarse. ¿A quién ves con frecuencia, y dónde?

Transparencia: la mayoría del mundo nunca ha vivido con las puertas cerradas ni con cercas alrededor de la casa. Y si bien eso puede ser necesario en nuestro hogar, no es necesario en nuestras relaciones. ¿Con quién puedes ser verdaderamente tú?

Responsabilidad ante los demás: en muchas aldeas esto se parece a los ancianos tribales: esas personas que tienen permiso de darte un golpe en la cabeza cuando te comportas como un idiota. La vida de aldea hace que lleves una vida responsable ante otros y que rindas cuentas. No es agradable, pero es transformador. ¿Quién es la persona con la que vives que tiene permiso para darte un golpe en la cabeza cuando lo necesitas?

Un propósito compartido: vivir juntos y trabajar juntos crea lazos y es así como la mayoría de las personas viven en comunidad. ¿A quién tienes cerca, quién trabaja a tu lado, y cómo podrías dar un mayor propósito a las amistades que ya tienes?

Consistencia: lleva tiempo construir una amistad y conexión. Debemos pasar tiempo juntas durante años. La mayoría de personas, a lo largo de la historia, nunca viajaron más de veinte millas del lugar donde nacieron. Somos la generación más transitoria de todos los tiempos. ¿Cómo hacemos para permanecer, comprometernos y pasar tiempo con las personas, aun cuando nos lastiman?

En los siguientes capítulos, evaluaremos cómo estas cinco prácticas pueden redefinir la manera en que vivimos nuestra relación con los demás. Observaremos la historia a propósito de qué hizo que estas simples prácticas de la vida de aldea fueran tan fundamentales para desarrollar una relación de pertenencia, enriquecedora, profundamente comprometida y duradera. ¿Qué los unió? ¿Qué mantuvo esas relaciones fuertes todo el camino hasta la Revolución Industrial? ¿Y qué podemos sumar a la experiencia personal para crear nuestra propia vida de aldea?

Déjame ser clara otra vez: estas prácticas no son el objetivo. Son solo las herramientas para ayudarte a conectar de una manera más profunda.

Mi mayor sueño es que los patrones que adoptemos entretejan una cultura de comunidad en la vida diaria, una forma para que pongamos en práctica este desafío de 1 Juan: "amémonos los unos a los otros, porque el amor viene de Dios, y todo el que ama ha nacido de él y lo conoce".[8]

Ese estilo de vida es posible, con Dios.

Así que imaginemos juntas cómo sería.

¿Qué sucedería si eligiéramos vivir más cerca de los demás?

¿Qué sucedería si viviéramos menos protegidas y con un corazón abierto hacia los demás?

¿Qué sucedería si eligiéramos a personas que nos desafíen a ser mejor cada vez que estamos juntas?

¿Qué sucedería si compartiéramos un propósito más profundo en nuestras relaciones?

¿Qué sucedería si permaneciéramos en lugar de escapar cada vez que las cosas se ponen difíciles?

Vamos a hablar sobre todo eso. Pero también voy a pedirte que tomes el riesgo conmigo. Al final de cada capítulo en la segunda parte, te daré una tarea. Y si te tomas cinco semanas y te comprometes con estas cinco actividades, creo que al final tendrás nuevas amigas.

¿Quieres cambiar tu vida? ¿Deseas dejar de vivir en soledad? Tomaré tu mano. Pero tienes que tomar la decisión y poner un pie delante del otro. Si vienes conmigo, verás el cambio.

Hagámoslo.

El camino a la conexión

Yo busco a las personas, pero no vienen. Están muy
ocupadas. Así que finalmente dejé de preguntar.

—AMANDA

Construir relaciones requiere mucho tiempo
y energía que ya no tengo.

—JENN

Me mudé lejos de mi gente por un trabajo mejor,
los extraño mucho.

—CAIT

Trabajar a tiempo completo y estar en una ciudad
nueva y en una iglesia grande hacen que sea difícil
cultivar relaciones profundas.

—AMY

Intento estar en contacto con mis amigas,
pero honestamente, están demasiado inmersas en su
propia vida como para interesarse en la mía.

—BRI

Entre trabajar más de cuarenta horas, encargarme
de la casa, trasladarme de un lado al otro, la familia,
mi esposo, no me queda mucho tiempo. Me muero por
tener una amiga con quien compartir ese tiempo; pero
es muy difícil hacer que esa amistad pase de charlas
superficiales a conversaciones profundas.

—SARA R.

5

CERCANA

Cuando sonó el timbre a las siete y media de la tarde, yo ya había cenado, me había puesto mi larga y mullida bata y había comenzado a bajar las revoluciones de un día estresante. *"¿Quién podría estar tocando el timbre justo ahora?"*

Abrí la puerta para encontrarme a Lindsey, Kirk, y sus tres hijos, todos luciendo como si hubieran salido de las páginas de una revista: perfectamente vestidos haciendo juego, cada cabello en su justo lugar, y con sonrisas tan anchas como Texas. "Acabamos de sacarnos las fotografías familiares", explicó Lindsey. "Debería haberte enviado un texto, pero pasábamos por acá y quería que Kirk viera los muebles de tu patio porque queremos comprar algo similar y, bueno, ¿podemos echarles un vistazo y después ustedes siguen con sus planes?".

Era obvio que yo no tenía "planes".

En ese tiempo ellos eran amigos nuevos, y yo estaba consciente de que estaba en bata. Mirando mi atuendo me reí y les dije: "¡Claro, entren!"

Todo el grupo pasó por la desordenada cocina, la sala de estar y se dirigió al patio. Zac y yo insistimos en que se sentaran y se quedaran un rato, pero ellos insistieron en que no querían molestarnos, y que de veras se iban a ir.

Zac comenzó a prender un fuego en el brasero, todos nos sentamos y al final terminaron quedándose (yo nunca me cambié la bata). Todo esto era más maravilloso de lo que mi corazón de nueva-en-Dallas podía desear.

Después de dos horas de conversación junto al fuego, nos dimos cuenta de que necesitábamos un bocadillo. Lindsey y yo fuimos a la cocina a agarrar cualquier cosa que encontráramos y regresamos al fuego, junto a nuestras familias, para continuar la conversación. Ahora recuerdo esa noche y me doy cuenta de que la naturaleza espontánea de todo eso llevó nuestra relación a un nuevo nivel, a un nivel más profundo, uno que dice: "Sí, sé que no nos conocemos bien todavía, pero voy a ser *esa clase* de amiga en tu vida".

La clase de amiga que pasa por tu casa sin anunciarse.

La clase de amiga con la que mis hijos pueden andar trepando por todos lados sin yo tener que decirles que paren.

La clase de amiga que mira más allá de tu bata y tu casa desordenada.

LA MAGIA DEL FUEGO

Desde la Edad de Piedra, los humanos hemos encendido fuegos, y aunque tenemos miles de razones prácticas para ello —cocinar los alimentos, forjar el metal, tener un poco de calor en un crudo invierno, y más—, uno de los beneficios primarios ha sido el simple ambiente que genera. Las llamas de fuego en el hogar parecen hipnotizarnos y casi quedamos perdidos en un trance.

Dado que pasamos la mayor parte de nuestro día planeando, trabajando y cumpliendo, hay una pulsión natural que nos mueve a sentarnos, relajarnos, calmar la mente y charlar. Un fuego da lugar a todas esas cosas. "Reunirse en torno a un fuego a la noche es… una oportunidad importante para aplacar el intercambio de información", escribe Christopher Lynn, profesor asociado de antropología de la Universidad de Alabama.

Durante el día, los ritmos biológicos producidos por el cortisol elevado y otras hormonas del estrés mantienen a los seres humanos despiertos y proveen el golpe pre-café necesario para motivarse a que las cosas se hagan (...) Pero como los niveles de cortisol caen por la noche, podemos sentarnos y relajarnos. Estamos en modo de hablar y escuchar historias.[1]

Recuerdo haber leído sobre una antropóloga que pasó casi doscientos días viviendo con el pueblo nativo de Bostwana y Namibia. Ella descubrió que, aunque tres cuartas partes de las conversaciones diurnas de la tribu se centraban en el trabajo, más de tres cuartas partes de sus conversaciones nocturnas —siempre alrededor de un fuego, por casualidad— giraban en torno a la espiritualidad o a lo que la investigadora llamó "historias fascinantes". Los hombres de la tribu hablaban sobre aventuras que habían tenido. Y sobre los elefantes que habían encontrado. Y sobre política, y sobre religión y sobre los sueños que tenían para su vida.[2]

A través de la historia, las aldeas enteras se reunían alrededor del fuego, ya sea para cocinar, planificar, danzar y cantar, o estar juntos después de que los niños se fueran a dormir. El fuego ha sido el sitio comunal desde el comienzo de los tiempos. Según una investigación publicada en la revista "Proceedings of the National Academy of Sciences", "terminar el día alrededor del fuego, donde los cantos, historias y relaciones florecían, en definitiva, moldeó las culturas y tal vez incluso ayudó a desarrollar algo de nuestra habilidad para comprendernos, cooperar e interiorizar la cultura".[3]

El fuego nos reúne. *La vida real, cara a cara, sin teléfonos, juntos.*

CINCO AMIGAS. CINCO MILLAS.

No es una exageración decir que en los primeros meses que vivimos en Dallas no fuimos invitados a ninguna parte. Tú sabes que cuando has estado viviendo en el mismo lugar por un tiempo, tu mayor preocupación —suponiendo que no haya una pandemia— es saber a qué decir sí y a qué decir no. La vida está tan cargada que a veces estás segura de que, si tus hijos tuvieran un lugar más al que asistir, todo el universo colapsaría y se desplomaría delante de ti.

Toma esa realidad, gírala ciento ochenta grados y sabrás lo que fue la vida en Dallas en nuestro primer año. Zac y yo casi no hacíamos nada. Nuestros hijos nunca hacían nada. La "diversión" se reducía a una película en casa por la noche.

Una noche, de camino a casa desde el almacén, donde no había visto a nadie conocido y tuve exactamente cero conversaciones con otro ser humano, pasé por un lujoso complejo de apartamentos ubicado a media milla de nuestra casa, y antes de poder detenerlas, las lágrimas brotaron de mis ojos. *No tendría amigas con las que vivir allí, porque el hecho es que no tengo amigas.*

Un tanto dramática. Lo sé.

Fantaseé por un segundo con la idea de convertirme en una ermitaña moderna, allí en el densamente poblado norte de Dallas. ¿Quién necesitaba amigas, después de todo? Piensa en todo el tiempo que tendría, cuánto más limpia sería mi vida. Las cosas serían más sencillas. No habría desilusiones, ni tampoco la tristeza que provocan las relaciones.

Podría haberlo hecho, sinceramente… tal vez… excepto por un detalle que no puedo remover: no fuimos creados para vivir solos.

Pensé en esas mujeres ruandesas que poseían toda una aldea con la que tener camaradería, docenas y docenas de relaciones de toda la vida a su disposición. Y allí en el asiento del auto pensé: "*Si tan solo pudiera tener un pellizco de toda esa conexión, sería feliz. Cinco amigas en cinco millas. Yo me conformaría con eso*".

Cinco amigas en cinco millas. Eso se convirtió en mi Plan de Amistad en Dallas. Me dispuse a encontrar amigas que vivieran a la distancia de una caminata. Quizás no podría encontrar multitudes de amistades en Dallas, pero ciertamente podría encontrar al menos cinco amigas que vivieran cerca. Podría hacer ese trabajo.

Cinco amigas en cinco millas. Preparadas, listas, ¡ya!

TU GENTE PROBABLEMENTE ESTÁ MÁS CERCA DE LO QUE PIENSAS

Ahora, antes de que pongas un cartel que dice "se vende" en tu jardín delantero, busquemos a las amigas que podrían estar frente a tu nariz.

La explicación más común para justificar por qué no tenemos amigos es decir que estamos demasiado ocupadas. Pero ¿qué sucedería si, en vez de organizar citas ocasionales o comenzar un nuevo club mensual, miraras alrededor de lo que ya estás haciendo y con quiénes estás viviendo?

Mi cuñada Ashley recientemente fue a un retiro de silencio por cuatro días, y aunque yo sospechaba que iba a odiar la experiencia, en un acto de impresionante autocontrol contuve mi lengua hasta que ella regresó. "Bueno, ¿qué pensaste?", le pregunté cuando nos sentamos en mi patio trasero a analizar la experiencia.

—Fue todo en silencio —dijo—. Y también, fue pura tortura.

—¡Lo sabía! —dije sonriendo— *sabía* cómo te sentirías.

Ambas somos extrovertidas, y aunque tuve varios retiros de silencio solo para escribir u orar, tratar de sobrevivir en el silencio con seres humanos reales y vivos alrededor fue, cuando menos, agonizante. Puedo hacer la parte de "estar a solas" sin problema.

Solo que cuando se supone que me tengo que portar como si estuviera sola cuando en realidad hay gente perfectamente querible a mi alrededor, no me puedo relajar.

Se supone que debemos hacer cortocircuito cuando estamos rodeados de personas con las cuales no nos estamos relacionando. Se *supone* que eso nos hace sentir torturadas por dentro cuando actuamos como "solas" en el contexto de gente buena con la que podríamos estar conversando y dándonos afecto. Una debería salir odiando cualquier experiencia que esté diseñada para distanciarnos de otros seres humanos en vez de ayudarnos a estar más cerca. Aun así, muchos lo hemos adoptado como estilo de vida. Vamos por la vida casi sin notar a la gente que Dios puso en nuestro camino, insistiendo con que estamos solas en el mundo y a nadie le importa, y que estamos bien así. La verdad es esta: fuimos creadas para vivir emocionalmente cercanas a las personas con las que estamos físicamente cerca.

Estar cercanas a las personas que nos rodean, esa es mi meta para nosotras. Y es verdaderamente un objetivo que nos hace esforzarnos. Porque la mayoría de nosotras elegiríamos quedarnos con las amigas de nuestra residencia pasada y de nuestra vida pasada, creyendo que ninguna de las que está delante nuestro se compara con esas preciosas personas, entonces no hay por qué molestarse en hacer nuevas amigas.

O decimos que estamos demasiado ocupadas para construir nuevas relaciones, o que ya no estamos en edad para hacerlo. Buscaríamos un sinfín de excusas cuando en realidad simplemente estamos con personas que podrían ser más que conocidas si las invitáramos a entrar en nuestra vida.

O centramos cada momento de cada día en los miembros de nuestra familia nuclear, de manera que ni siquiera nos imaginamos que podemos tener una amistad íntima con personas que no son de nuestra familia.

O creemos que necesitamos tener todo en común con las personas y estar en el mismo escenario de la vida antes de siquiera considerar que podrían ser amigas cercanas.

O nos movemos constantemente, nunca nos arraigamos, y siempre estamos buscando la próxima aventura, el próximo compañero de habitación, la próxima iglesia, el próximo trabajo. No nos comprometemos de verdad con un lugar y un puñado de personas.

Si estás tratando de hacer de las amistades un apéndice de tu abultada agenda, nunca funcionará. Tienes que construirlas mientras vives. Las relaciones deben surgir de tus lugares y actividades cotidianas.

La proximidad es un buen comienzo para la intimidad.

Es cierto, yo tengo amigas dispersas por todo el país, pero esas relaciones siempre llevarán más esfuerzo. Es difícil ir corriendo a alcanzarles un pañuelo cuando el mundo se les viene abajo. Muchas de mis amigas de larga distancia son de toda la vida, y tengo un puñado de ellas que nunca dejaré ir mientras viva. Pero todas necesitamos personas comunes que estén presentes en nuestra vida diaria.

La Carta a los Hebreos, de hecho, nos manda a hacer tiempo para estar juntos de manera consistente: "Preocupémonos los unos por los otros, a fin de estimularnos al amor y a las buenas obras. No dejemos de congregarnos, como acostumbran hacerlo algunos, sino animémonos unos a otros, y con mayor razón ahora que vemos que aquel día se acerca".[4] El escritor aquí le está hablando a la iglesia, lo cual ampliará más adelante, pero cuando se escribió esta exhortación, la "iglesia" era definida como un grupo de personas, no como un edificio para una reunión semanal. La iglesia era un grupo local de personas interdependientes que amaban a Dios y se amaban mutuamente. Hacían todo juntas. Comían juntas, oraban juntas, se animaban unos a otros, vendían sus bienes para poder ocuparse del prójimo.[5]

Para construir un estilo de vida en el que estemos presentes de manera continua y consistente como esta, necesitamos hacer tres cosas clave:

PASO 1: OBSERVA A QUIEN YA ESTÁ JUSTO DELANTE DE TI

Considera a las personas que ves regularmente en la escuela, la iglesia, tu trabajo, el vecindario, en el equipo deportivo de tu hijo o en el club de lectura. ¿Podría ser que hubiera amistades sólidas esperándote justo allí?

Agarra ya mismo una hoja de papel en blanco y dibuja círculos separados para cada una de las actividades y lugares que frecuentas en el trascurso de una semana. Etiqueta cada círculo con el nombre de la actividad o el lugar. Al lado, escribe los nombres de las personas con las que interactúas en cada uno. Probablemente encuentres que tienes alrededor de veinte "conocidas", como dijimos antes. Ahora, piensa en cada una de esas personas como potenciales amistades.

¿Con quién disfrutas estar?

¿Con quién tienen algunas cosas en común?

¿Quién parece estar genuinamente interesada en ti?

Regresa a tu lista de conocidas y resalta diez nombres de personas con las que te ves invirtiendo en un nivel más profundo. Ora por esos diez nombres, pidiéndole a Dios que te ayude a escoger de tres a cinco personas con quienes intentar una relación más profunda.

¿Quiénes son? Haz un círculo rojo alrededor de cada una.

La verdad de mi situación relacional cuando me mudé a Dallas era que yo conocía algunas amigas. Pero mientras que todas esas personas vivían "en Dallas", pocas de ellas estaban a menos de media hora de viaje de mi nueva casa. Como es el caso en Austin (y en miles de otras metrópolis en el país), Dallas se compone de incontables ciudades dormitorio, subdivisiones, vecindarios y "partes de la ciudad", cada una conectados a la siguiente por montones de carreteras interestatales y autopistas. Manejar de una parte de la ciudad a otra requiere planificación, estrategia y tiempo. Si yo me hubiera dispuesto a reconectarme con todas las personas que conozco, estaría repitiendo el error que cometí en Austin: vivir tan lejos de "mi gente" que nunca sentían que eran mi gente después de todo. Si una amiga —o yo—tenía un colapso un martes por la noche común y corriente, por ejemplo, necesitábamos vernos enseguida.

Me di cuenta de que debía dejar de ver como simples extraños anónimos a todos en mi nuevo vecindario, en la escuela de mis hijos, en la iglesia, y en los partidos de fútbol de Conner. Necesitaba comenzar a verlos como amigos en proceso.

Entonces, este Paso 1 es tanto para ti como para mí: comienza a ver a las personas que tienes enfrente como amigas (o al menos como potenciales amigas).

PASO 2: DA EL PRIMER PASO

Es raro que alguien tome la iniciativa en la amistad, así que deja de esperar que eso suceda. Todos están ocupados, y pocas personas están priorizando las relaciones profundas. En otras palabras, planea dar tú el primer paso.

Las conexiones requieren salir y ser intencionales una y otra vez. Si estás pensando: "Lo hice por mucho tiempo, y nadie me está correspondiendo", permíteme animarte a estar triste exactamente por un minuto y luego superarlo y seguir haciéndolo. Nunca tendrás amigas a menos que estés dispuesta a ser quien dé el empujón inicial de manera consistente. Sé la que contacta. Inicia y vuelve a iniciar. No puedes esperar tener amigas hasta que seas buena en esto. Aunque sea frustrante. Aunque sea incómodo.

Casi siempre lo será.

Fue incómodo cuando contacté a esa consejera del campamento de jóvenes después de dos décadas y media, no para agradecerle por haber sido una influencia positiva durante mis años de adolescencia, sino para pedirle que fuera mi amiga. Me la imaginé sentada allí en una cafetería frente a mí pensando: "¡Qué desesperada debe estar esta pobre mujer, para tener que revolver dentro suyo y llegar a la adolescencia para encontrar una amiga!" No me importó. Estaba desesperada, de veras.

Fue incómodo cuando me desahogué con la pobre Caroline Parker, la estudiante universitaria que pensó que estaba viniendo a mi casa para ser entrevistada para un puesto de niñera, y no para ser mi terapeuta.

Fue incómodo cuando me presenté en nuestro nuevo, pequeño grupo y le conté la verdadera historia de nuestra vida familiar a completos extraños.

Pero cada vez que en los últimos tres años elegí quitarme la máscara de "estoy bien, gracias" para iniciar conversaciones sobre cómo estoy realmente y lo que la otra persona necesita de verdad, Dios me regaló los intercambios más vivificantes que tuve jamás. Luego de dar el primer paso, invitar a la persona a tomar un café, estar dispuesta a soltarlo todo y hacer las preguntas difíciles de hacer, comenzaron a formarse verdaderas amistades.

Avanzamos primero. Y continuamos dando el empujón inicial.

Vemos bastante de la vida de Jesús en los evangelios como para saber que Él era un iniciador increíble. Observaba a las personas. Se detenía para conversar con ellas. Incluso se invitó Él mismo a cenar a la casa de Zaqueo.

Tuve la bendición de trabajar un poco en Israel, y lo que más me sorprendió es el pequeño radio dentro del cual ocurrió la mayor parte del ministerio de Jesús. Israel es una nación pequeña, casi del tamaño de Nueva Jersey. Solo cinco millas separan a Belén de Jerusalén. Las comunidades estaban situadas de manera intencional para que las personas pudieran regresar fácilmente al templo. Podríamos sentarnos en un bote en el Mar de Galilea y divisar varios lugares en los que Jesús pasó gran parte de su vida. La mayoría de los discípulos vivían a unas pocas millas de distancia entre sí, y casi todos sus viajes eran de un día de caminata.

Jesús vivía de manera simple y sencilla con los que estaban inmediatamente a su alrededor, pero esas pocas personas afectarían al mundo entero. Él priorizó la proximidad, su familia, las comidas en intimidad y las charlas junto al fuego. Eso no era algo revolucionario en los tiempos bíblicos; así era como la gente vivía.

Eso era importante. La gente en las ciudades pequeñas, viviendo juntos, fue algo esencial para el modo en que creció la iglesia. Toda la iglesia nació de unos pocos pescadores sin estudios que fueron amigos de Jesús y llegaron a los confines de la tierra. Sí, alguien tuvo que llevar el Evangelio al mundo. Pablo y los apóstoles viajaban y llevaban las buenas nuevas, pero por el camino se instalaban en contextos de comunidades, se hospedaban en casas de familia y eran acogidos por las iglesias locales.

La comunidad debería —en su forma más veraz— reflejar aspectos de quién es Dios y cómo nos ama, lo que me lleva a una pregunta: "¿A quién ha puesto Dios en tu vida, aquí y ahora justo frente a tu nariz, con quien todavía no has conectado realmente?

Recuerda: el enemigo quiere encerrarte, provocar que tengas miedo de dar el primer paso, hacer que no le des prioridad a la gente que está a tu alrededor. Él desea que vivamos rodeadas de gente, pero nunca conectemos profundamente con ella, así no cambiamos, así no vivimos plenamente, y así la mayoría terminamos atrapadas en la autocompasión porque no tenemos amigas, cuando cientos de personas delante nuestro ciertamente recibirían a alguien que esté intentando acercarse a ellas.

En caso de que necesites ayuda para ver a la gente que te rodea desde esta perspectiva, la siguiente lista te ayudará a empezar. Te aseguro que es bien completa. Espero que ponga en palabras lo que tú necesitas en el pequeño equipo que se reúne a tu alrededor, y te ayude a apreciar a las personas que podrían estar cumpliendo roles clave en tu vida. Esos individuos podrían ser de diversas edades y cruzarse por tu camino de distintas maneras, pero la idea es buscar personas con cualidades para jugar distintos roles en tu vida, no solo buscar a dos o tres que sean exactamente como tú y esperar que ellas suplan todas tus necesidades relacionales.

Una aldea de gente supliendo diferentes necesidades y amándote en distintas maneras te brinda una vida más completa y rica. Esa gente probablemente ya exista en alguna parte cerca de ti; tal vez incluso sean miembros de tu familia, vecinos o gente de tu iglesia o tu trabajo. Solo tienes que observar qué dones traen a tu vida y también el rol que tú desarrollarías para ellos. ¿Qué le aportas tú a su amistad?

Algunos tipos de personas que puedes buscar para tu vida:

La sabia: Es la amiga que escucha, ora y aconseja. Le encanta que le cuentes tus problemas. Es portadora de sabiduría divina, la que adquirió a través del estudio y/o de la experiencia de vida. El apóstol Pablo fue un amigo sabio para Timoteo.

La animadora: Es la porrista, la amiga que cree en ti. Ella ve lo bueno que hay en ti y lo saca a relucir. Es fácil para ella darte esperanza cuando estás desanimada. Ve lo mejor de la vida y de la gente. Esta persona transmite fe y apoyo.

La amiga en la trinchera: Es simplemente una buena compañía. Esta amiga se ensucia las manos por ti. Si tienes una idea, ¡ella estará allí para ayudarte a llevarla a cabo! Ella peleará por ti y estará a tu lado. Yo tengo una amiga, Jenn Jett Barrett, que se llama a sí misma "defensora de sueños" y me ayudó con casi todos los míos. Tu amiga de la trinchera quizá no use palabras para expresar lo que significas para ella, pero estará justo a tu lado para acompañarte en cualquier problema que tengas.

La retadora: Esta es la amiga que no tiene temor de decirte la verdad. No te dejará acomodarte y te pateará el trasero si te desvías. Puede no ser la amistad más fácil y tendrás que aprender a sobrellevar conflictos con ella una y otra vez, pero es la que te hace mejorar constantemente.

La divertida: Es la amiga que trae la fiesta. No tendrá un debate de dos horas contigo sobre un tema teológico, pero te aseguro que te hará reír a menudo. Reúne a la gente, es espontánea y dice algo inapropiado que interrumpe cualquier bajón en el que te encuentres atrapada.

La planificadora: Esta es la amiga organizada y analítica que se asegura de que se reúnan a menudo, y de que la cuenta del restaurante se divida en partes iguales. Ella organiza la ayuda a familias que han perdido un ser querido y también recuerda tu cumpleaños.

Mi mamá es una excelente amiga planificadora. Organiza las fiestas especiales y pasa a dejarte comida cuando te enfermas. El mes pasado, una amiga y yo estábamos en el jardín trasero de mi mamá conversando, y en cuestión de dos horas ella había traído algo para tomar, después toda una tabla de quesos y fiambres, y más tarde unas mantas porque se estaba poniendo fresco. Cuando yo era joven, me fastidiaba que su atención al detalle se enfocara en mí. Pero ahora, estar cerca de mi mamá es como visitar un hotel de lujo. Esa tarde, mi amiga y yo sentimos su amor y eso me encanta.

Mi mamá a veces se desborda hablando del orgullo que siente por mí, pero la principal forma de demostrar su amor es invitándome a mí y mis amigas al jardín trasero de su vida.

Ciertamente no estoy sugiriendo que salgas corriendo y comiences a entrevistar a tus conocidas para que cumplan estos roles. Lo que estoy diciendo es que dentro de tu esfera de influencia alguien ya está cumpliendo esos papeles, incluso si todavía no has pensado en ella como una amiga. Nadie puede ser todo, pero todas tienen algo para decir, algo para enseñarte y tú también tienes algo para aportar a su vida.

Mira intencionalmente.

¿Tienes alguien en tu vida que habitualmente te alienta? Agradécele.

¿Hay alguna que es increíblemente sabia? Pídele más consejos.

¿Conoces a alguien que es muy osada, que parece no temerle a la vida? Busca la forma de iniciar algún proyecto con propósito juntas. Construyan un recuerdo haciendo algo que valga la pena.

Agradécele a tu amiga planificadora por organizar las reuniones que son importantes para ustedes.

Bendice a la amiga que siempre, siempre atiende tu llamada.

Exprésale tu aprecio a la que todavía te envía tarjetas de cumpleaños por mail.

Dile a esa amiga retadora que estás agradecida por su punto de vista divergente.

Incluso si eso significa interrumpir el ritmo de una relación casual, avanza y toma la iniciativa para comenzar a profundizar la relación con esta gente que ya tienes presente en tu vida.

Te sentirás cómoda con lo incómodo, porque lo llevaremos un paso más adelante.

PASO 3: INICIA GRANDES CONVERSACIONES

Si no estás segura de cómo salir de las conversaciones superficiales, debes saber que no estás sola.

A veces termino una noche de amigas pensando que fue una hermosa velada, pero por alguna razón llego a casa con esa extraña sensación indescriptible. A menudo el sentimiento proviene de las conversaciones que tuvimos.

Algunas veces las charlas son vacías. Hablar sobre un proyecto laboral o sobre los hijos está bien, pero no me quedo con la sensación de que soy más conocida o que te conocí mejor. Para tener conversaciones profundas tenemos que aprender el arte de hacer preguntas más intencionales. Hablaré más de esto en el próximo capítulo, pero aquí hay dos para comenzar a practicar:

¿Qué cosa te está haciendo feliz por estos días?

¿Qué te tiene ansiosa?

Preguntas como estas le aportan una nueva profundidad al diálogo. Quizá todavía salga el tema del trabajo o de los hijos, pero estarás más cerca de cómo se siente esa amiga en vez de obtener meramente un reporte de su vida.

Francamente, pienso que la mayoría de las personas no sabe cómo hacer buenas preguntas y cómo abrir su corazón. Por eso con frecuencia las charlas tienden a la queja y la murmuración. ¡Y todas conocemos esas cosas!

Durante esas primeras horas en Dallas, recordarás que estaba sentada en el suelo en mi nueva y vacía casa, lidiando con un ataque de pánico. Ahora, contrastemos esa escena con otra más reciente que incluyó a varias personas que aparecieron en mi vida desde ese momento de la casa vacía hace cuatro años: Ashley, mi cuñada, se volvió una de mis amigas más seguras, que ahora vive a dos cuadras; mi querida amiga Lindsey, a quien conocí a través de Ashley y luego nos dimos cuenta de que habíamos ido a la escuela dominical juntas, durante la primaria en Little Rock; Callie, a quien conocí a través de una alumna en la universidad; y Jennie E., una amiga nueva, mamá de amigos de mis hijos en la escuela.

Con este grupo estuvimos haciendo un círculo de estudio bíblico y orando juntas. Una semana, Ashley sugirió que podríamos ir al jardín y sentarnos alrededor de la fogata y orar *de verdad*. Una idea innovadora, ¿verdad?

Yo invité a mi amiga Davy a unirse. Conocí a Davy a través de su asombrosa música, antes de vivir lo suficientemente cerca como para salir juntas. Escuché algunas de sus canciones y supe que lideraba la adoración en una iglesia de Mississippi, entonces le pregunté si le gustaría acompañarme en alguna de las giras que organizaba para IF: Gathering.

"¡Me encantaría ir!" Tres simples palabras: eso fue todo lo que se precisó para que comenzáramos a convertirnos en más hermanas que amigas. Y antes de cortar el teléfono, me dijo: "Quizás esté viviendo en Dallas para ese momento".

"¡Yo vivo en Dallas!", le respondí, sin tener idea de que un día iba a tomar un empleo en nuestra iglesia. Y allí estaba, tan cercana como para ser parte de nuestra comunidad de amigas. Cuando invité a Davy a nuestra reunión de oración junto a la fogata, preguntó: "¿Puedo llevar mi teclado?"

Así que las seis nos sentamos junto al fuego, oramos, confesamos nuestros pecados, cantamos, lloramos y nos reímos. Al mirar los rostros de las mujeres que estaban sentadas alrededor del fuego junto a mí, quedé atónita por esa noche inesperada y relacionalmente enriquecedora.

Quería pararme sobre mi silla y gritar: "¡Mira, mundo! ¡Tengo amigas!"

Me siento ridícula incluso escribiendo estas palabras, pero eso es exactamente lo que sentí.

Con un fuego crujiente y Davy cantando en nuestros oídos, las palabras esperanzadoras de la oración surgiendo, un cielo estrellado sobre nuestra cabeza, descansé en la conexión que mi alma tanto había anhelado, ese sentimiento de que no estoy sola en el mundo. Cuatro años de construir, invertir y elegir la conexión por encima del aislamiento, y ya tenía a mi gente.

TU TURNO: CREA UN LUGAR DE REUNIÓN

¿Cómo regresamos a vivir en una comunidad auténtica? ¿De qué forma construimos una comunidad conectada como las ancestrales y como aquella que Jesús nos llamó a vivir?

Los investigadores aseguran que crecer en la relación con un buen amigo requiere pasar doscientas horas juntos.[6] Entonces, este es el primer desafío de nuestro gran experimento para edificar una comunidad significativa: generar un entorno para tener grandes conversaciones.

Durante la cuarentena del COVID en el 2020, Zac y yo a menudo hacíamos caminatas en nuestro vecindario, y una de mis vistas favoritas era un jardín delantero que estaba adornado con seis sillones no muy costosos, de plástico color turquesa, todos colocados en forma de círculo. En uno de ellos había un frasco de repelente de insectos colgando, como diciendo: "Pandemia, ¡ni siquiera los asquerosos mosquitos nos van a impedir reunirnos!"

Por eso me gustaría que empecemos consiguiendo un brasero o fogata. Uno muy básico; no es tan caro como piensas. Si donde vives no puedes hacer fuego, entonces prepara tu lugar de reunión, tu lugar donde tu gente se pueda congregar. Consigue una mesa de picnic o un par de sillas cómodas de exterior, y colócalas de manera que puedan verse cara a cara. Como sea mejor para tu casa, crea tu lugar de reunión y tenlo listo cada vez que lo necesites. Nosotros personalmente siempre tenemos docenas de malvaviscos de reserva.

Invita. Espontánea, pero deliberadamente y de manera regular, empieza a invitar personas a tu mundo cotidiano. Las personas dirán que no algunas veces... continúa invitándolas.

Haz preguntas reales. La clase de preguntas que incomodan los suficiente, pero que ayudan a conocerse. Empieza tú respondiendo las preguntas para que la cosa empiece a andar. Después se acomodan, ríen y van corriendo en el reloj las doscientas horas necesarias para hacer crecer esas relaciones que lleguen a ser consideradas "verdaderas amigas".

Recuerda: no eres la única que anhela tener comunión. Todas lo están anhelando. ¡Pero sé tú quien provoca que esto suceda!

IDEAS PARA CONSTRUIR RELACIONES CERCANAS...

- Compra una fogata o un brasero e invita amigos y vecinos que viven cerca de tu casa.
- Invita a una amiga a hacer las compras contigo.
- ¿A quién te cruzas cuando estás paseando tu perro? Háblale y caminen juntas. Anota su nombre —y el de su perro— en tu teléfono para no olvidarlo.
- Preséntate con los desconocidos en la cafetería.
- Busca a las personas que están sentadas solas en la iglesia e invítalas a comer.
- Si eres nueva en una ciudad, pregúntale a la persona que se sienta al lado tuyo en la iglesia algo como: "¿Dónde es el mejor lugar de Dallas para conseguir comida tailandesa?" Luego invítala a comer ahí.
- Lleva a la persona más nueva de la oficina a almorzar.
- Pídele a una familia que se una a la tuya para comer helados después del entrenamiento de deportes de los niños.

- Frecuenta un restaurante y apréndete el nombre de la persona que te atiende y pregúntale cómo puedes orar por su vida.
- Busca cosas cotidianas para hacer junto a personas. Pídele a tu amiga si te ayuda a doblar la ropa lavada.
- Si eres una madre joven, ve a comprar al almacén junto con otra madre joven. Sí, con todos los hijos en fila.

¿Qué pasa cuando...

...mis amigas viven lejos? ¿Estás diciendo que ya no podemos seguir siendo amigas?

¡Para nada! Algunas de mis amigas más queridas no viven cerca. Pero el hecho es que necesitaba alguien que me ayudara de manera práctica cuando estaba hundiéndome en una crisis o en el estrés, y necesitaba alguien que me mirara a los ojos y me obligara a decir lo que no estaba diciendo. Necesitaba alguien que cayera en mi casa sorpresivamente, que me obligara a quitarme la ropa de dormir y vestirme, que me arrastrara a salir para distraerme un poco cuando me sentí deprimida. Y mi gente me necesitaba a mí para que hiciera lo mismo. Aunque nunca perderé a mis amigas que viven lejos, no puedo funcionar bien sin amigas que estén cerca y tú tampoco.

...viajamos mucho para trabajar?

El poder de un plan y un patrón de vida es que nos ayudan a vivir bien, dondequiera que estemos. Como alguien que volvió a comenzar de cero, puedo decirte que este plan me funcionó. Así que, incluso si tienes que ejecutarlo a la carrera porque no estás en tu casa por mucho tiempo, hazlo. No tiene sentido vivir sola, ni siquiera por un año.

...trato de profundizar en una conversación y mi vulnerabilidad no es correspondida?

Lo entiendo. Algunas personas no tienen esa capacidad. Sigue adelante, continúa intentándolo. No abandones. No te desanimes. No le des demasiada importancia. No cedas al temor. Simplemente sigue con la próxima persona. Si eso no funciona, ve a la siguiente.

Recuerda buscar a tu gente en lugares inesperados. El escenario es lo de menos. La edad es lo de menos. Encuentra a las personas que están siguiendo a Jesús y ve con ellas.

Me cuesta confiar.

—PATTI

Tengo miedo de necesitar más de lo que puedo dar.

—KIM

No soy capaz de continuar con una vieja amistad
que me lastimó.

—CHRISTY

He sido rechazada muchas veces.

—BROOKE

Siento que soy una carga, por eso no me animo
a ir más profundo.

—MOLLY

Siento que tengo que simular estar bien para no ser juzgada.

—STEFANIE

6

SEGURA

He perdido amigas por no hacer lo que estoy a punto de decirte. Escribí este capítulo en medio de un mar de lágrimas, sabiendo que soy pésima haciendo lo que voy a pedirte que hagas.

He estado revisando desesperadamente mi cerebro, tratando de recordar cómo surgió la conversación o por qué estábamos hablando de un tema tan profundo y significativo en primer lugar. Hasta donde recuerdo, mi amiga Jessica y yo estábamos cerrando una entrevista para mi podcast, hablando sobre cuánto nos extrañábamos una a la otra luego de mi mudanza a Dallas. Creo que ella mencionó algo sobre su preocupación de que perdiéramos nuestra amistad por las millas de distancia. "¡Nunca dejaremos de ser amigas!", le aseguré, y lo sentía de todo corazón. Ella era una de mis amigas más queridas cuando ambas vivíamos en Austin, y con casi tres horas de distancia en auto separándonos, supuse que podríamos mantener el vínculo por años.

Las dos nos reímos —de esa manera sentimental que tenemos las mujeres cuando decimos algo importante pero no queremos soltarnos a llorar— cuando le hice esta pregunta: "Jess, dime de qué forma puedo ser una mejor amiga para ti".

Creo que me respondió algo entrelíneas como: "Oh, no lo sé, Jennie, ¿qué tal si agendamos una llamada telefónica semanal?"

o "Pongamos un fin de semana de chicas en el calendario" o "Envíame mensajes más frecuentemente de lo que creas que deberías". Yo pensé que ella respondería mi pregunta con una lista de cosas, algo que yo podría hacer por ella.

Pero no fue así.

"Tú nunca necesitas nada", me dijo Jessica. "Nunca me necesitas. Nunca precisas nada de mi parte. *Yo quisiera que me necesitaras más*".

Todo el oxígeno se escurrió de esa pequeña sala de grabación. Se me llenaron los ojos de lágrimas y mis manos cayeron sobre mi falda. Mi boca hacía gestos en el micrófono, pero no me salían las palabras. ¿Qué se suponía que debía replicar a eso? ¿Qué podría decir? Lo que una de mis mejores amigas necesitaba de mí no era mi atención, más compañerismo o más apoyo. Lo que ella necesitaba era más de mí.

El problema era que yo no estaba segura de poder decir sí a eso.

Aunque esa conversación terminó mal, lo peor aún estaba por venir. Mientras estaba detenida en un semáforo de camino a casa, me sobrevino un sentimiento inquietante. Me había perturbado la respuesta de Jessica porque eso me decía que todo el tiempo en que habíamos sido amigas, ella había sentido que el camino entre nosotras había sido de una sola vía. Pero más agonizante que esta primera comprensión, fue la segunda: *yo ya tuve esta conversación antes*. Las palabras de Jessica me resultaban dolorosamente familiares. Había perdido otras amistades por esa misma razón.

Dieciocho meses antes de eso, mi amistad con Courtney había detonado, y el motivo que ella citaba era el mismo de Jessica. "Detesto que para saber lo que te está ocurriendo tenga que leer tu cuenta de Instagram. *Tú nunca me necesitas*".

Luego siguió diciendo que quería tomarse una pausa conmigo. "No creo que pueda estar en una relación como esta, donde soy la única que está siendo auténtica, donde soy la única que siempre tiene necesidades".

Recuerdo haber quedado confundida en esa ocasión. "¿De veras soy una persona incapaz de tener amigas? ¿Este es un problema suyo o mío? ¿O las dos tenemos la culpa?" Durante unos días —semanas tal vez— quedé aturdida. Me sentía avergonzada. Realmente pensaba que Courtney era una de mis mejores amigas. ¿Cómo me había vuelto tan cerrada ante personas que me importaban? ¿Dónde había ido a parar la parte transparente de mí, y cuándo se había desvanecido?

ES MÁS FÁCIL LEVANTAR MUROS

Así es como parece que soy: sociable, extrovertida, charlatana, inclusiva, generosa con el tiempo y el afecto, amorosa, protectora, alguien que conecta, maravillosa en las fiestas, cómoda con la gente, contenta con mi mundo de relaciones.

Pero esto es lo que soy de verdad: soy todas esas cosas, hasta que vas más profundo. Entonces doy vueltas, o evado, o me largo.

No me malinterpretes. Me encanta conocer lo profundo de la gente. Solo que no estoy interesada en divulgar las verdades de mi ser. Lo siento como algo egocéntrico. O egoísta. O lastimoso. O incorrecto. Siento que estoy haciéndote perder el tiempo. O que te estoy succionando demasiado oxígeno. O diciendo más de lo que es prudente. O hablando cuando debería estar escuchando. Supongo que yo también detesto no ser comprendida. ¿Qué si expongo las partes más profundas de mí y te quedas mirándome confundida? O peor todavía, ¿si tratas de arreglarme o de cambiarme?

Esas son todas mis razones para hacerte las preguntas exploratorias y escucharte con ojos brillantes y los hombros inclinados hacia ti demostrando mi interés; mi mente que se concentra en cada una de tus palabras. Pero el hecho es que me protejo. La verdad es que he sido lastimada antes.

Cuando éramos solteros, Zac escuchó a un amigo suyo hablando de mí y diciendo: "Zac, te encantará conocerla. Ella abre su corazón".

El amigo lo dijo como un hermoso cumplido. Si yo sentía algo, lo expresaba. Era un libro abierto. Zac no tenía que imaginarse lo que yo estaba sintiendo, porque yo abría mi corazón y era muy sincera. Esa era yo en ese entonces: directa, vulnerable, sin temor. Pero esa forma de ser me exponía constantemente. Cuando era una joven madre, me sinceré con unas pocas amigas acerca de lo difícil que se había vuelto la maternidad y nuestro matrimonio, lo que resultó en juicio más que en comprensión. Porque yo era la esposa de un pastor, las luchas que le revelaba a una amiga en privado se volvían alimento para el chismerío en la iglesia y eran usadas en contra mía y de Zac de una manera incómoda en público. Una vez le conté a una amiga una victoria que tuve, anhelando tener a alguien que celebrara junto conmigo; en vez de eso, mis motivaciones fueron cuestionadas de inmediato. Recuerdo varias ocasiones en las que, a pesar de mis buenas intenciones, las cosas que decía se tornaban en persecución.

Con el tiempo, luego de que las heridas de las relaciones se acumularon lo suficiente, algo en mí comenzó a dudar cuando alguien realmente quería conocerme. Sin darme cuenta, inicié un proyecto de construcción. Sin pensarlo demasiado, levanté altas murallas con puertas cerradas con llave. Revelaría lo suficiente como para que las personas se sintieran cercanas a mí, pero no tuvieran argumentos que usar en mi contra. Abriría pequeñas ventanas aquí y allá, para que la gente sintiera que me conocía, pero perdí la transparencia que me caracterizaba y comencé a vivir a la defensiva.

NOS ESCONDEMOS POR EL DOLOR

Sería fácil seguir leyendo acerca de mis fallas en la amistad y no aplicar nada de esto a tu vida. Pero como acordamos hacer esta travesía juntas, me gustaría asignarte un rol más activo. Por eso, te preguntaré: ¿cuáles son tus dolores de relaciones pasadas? ¿De qué formas has sido herida?

- ¿Te has sincerado con una amiga, solo para enterarte de que usó en tu contra lo que le contaste?
- ¿Te acercaste a un grupo de amigos y eventualmente te encontraste afuera de ese grupo?
- ¿Te sentiste juzgada por no dar con la talla de algún estándar, explícito o implícito?
- ¿Has contado una lucha interior solo para recibir miradas de juicio, que te hicieron sentir como si fueras la única que tiene luchas?
- ¿Has invitado e invitado, hablado y hablado, invertido e invertido, y cuando precisaste algo no había nadie del otro lado?

"Luego de haber sido expuesta, apuñalada por la espalda, engañada y traicionada, me resultó difícil volver a confiar en alguien... dejarlo entrar dentro de mis muros", me decía una seguidora de mi cuenta en Instagram.

Así es. Yo tengo *muros* también. La vida es más segura detrás de ellos.

Los muros son un lujo, un privilegio. Aprendí esto en Haití mientras estaba en una colina desde donde se ve un campamento de refugiados, ubicado a unas dos horas de vuelo desde la próspera costa de Florida. Los toldos color azul flameando al viento ocultaban miles de almas que, habiendo pasado unos años del gran terremoto, todavía no habían sido reubicadas. En esa comunidad no tienen muros.

Noté una realidad similar en África, donde visité docenas de chozas. Adivina cuántas chozas tienen paredes, o puertas con cerraduras. Ninguna. Más allá de la falta de privacidad física, la vulnerabilidad y transparencia son una parte intencional de la vida en la aldea. La gente que simplemente está tratando de sobrevivir a los rigores de la vida cotidiana no tiene la capacidad de retener el dolor y mantener a los demás fuera de su vida. No tienen el lujo de una puerta cerrada o trabada con llave... de muros altos y compactos, de estar a solas. Ellos se necesitan unos a otros, y son conscientes de ello.

Esto es lo que quiero decirte: si bien es cierto que esas personas que viven en lugares difíciles del mundo no eligen la vulnerabilidad tanto como la vulnerabilidad los elige a ellos, también es verdad que la vulnerabilidad nos está eligiendo a ti y a mí. Nos está pidiendo que salgamos del escondite y nos relacionemos. Que dejemos de vivir detrás de nuestros muros.

Aunque es ciertamente doloroso —algunas veces insoportable, dependiendo del día— la lección que estoy aprendiendo ahora mismo es que la vulnerabilidad es tierra fértil para la intimidad, y lo que riega la intimidad son las lágrimas. Una honestidad real, brutal, devastadora, acerca de la lucha que hizo que quisieras dejar a tu cónyuge anoche, o la adicción a la pornografía o al sexo que te está matando en vida, o el aborto que nunca le contaste a nadie que te practicaste, o esa pequeña cosa que te hace llorar, la ansiedad que sientes cuando piensas en que tus niños se van a la escuela, o el dolor que sientes por no haberte casado.

Desearía poder contarte que todo funciona al revés. Desearía decirte que una amistad edificada únicamente sobre la risa, la diversión, las reuniones superficiales y los buenos momentos resistirá la prueba del tiempo y nutrirá la necesidad de tu corazón. Soy buena con todo eso, ¿sabes?

¿Pero una intimidad con el alma desnuda? Mmm... no tanto. Aun así, cada vez que me escondo detrás de mis muros con las puertas bien cerradas para ahuyentar la posibilidad de ser malinterpretada, o perjudicada, o devastada, o desilusionada, o maltratada o herida, también dejo fuera las cosas buenas, todo lo que fuimos creadas para recibir: ser animadas, mantenernos dando cuenta de nuestra vida, ser vistas, amadas y conocidas.

Todas anhelamos tener esas amigas a las que una llama cuando está a punto de llorar, y que nos llamen cuando están a punto de llorar; amigas que no nos abandonen y no nos juzguen, amigas que nos hagan sentir comprendidas y vistas, desafiadas y que nos recuerden de nuestro Dios y nuestra esperanza, amigas que nos impulsen a sacarnos la bata y salir a enfrentar la vida y el llamado, pero nada de eso es posible hasta que nos arriesguemos a dejar caer nuestros muros.

Tenemos que correr el riesgo de sufrir para tener esta clase de conexión profunda en nuestra vida.

NOS ESCONDEMOS PORQUE TENEMOS VERGÜENZA

Al enemigo le encanta que nos defendamos; a veces usará nuestro dolor y otras veces usará nuestra vergüenza. Si leíste mi libro anterior, *Controla tu mente*, recordarás que, a solas en la oscuridad, el enemigo nos puede decir toda clase de mentiras acerca de nosotras, de Dios o de nuestra realidad. Él nos invita a quedarnos detrás de las paredes con palabras engañosas que parecen ciertas y se escurren en nuestros pensamientos hasta que se convierten en creencias acerca de nosotras mismas.

Vergüenza.

Si eres como yo, hiciste una mueca de dolor al leer esa palabra. No te arriesgas a ser transparente ahora porque has compartido antes tus luchas con "amigas" y te castigaron por ser tan sincera.

Una de las mentiras preferidas del enemigo es la mentira de la vergüenza, porque el costo de ella es la conexión. Ya dije anteriormente que, en el principio, Adán y Eva tenían todo lo que necesitaban de parte de Dios. Eran amados por Él y estaban perfectamente seguros uno con el otro. Aun así, se descarrilaron. Eligieron su propio camino y rompieron su relación mutua y con Dios.

Satanás. Una elección. Un fruto prohibido. Vergüenza. Vergüenza inmediata.

¿Cómo reaccionaron ellos? Génesis dice que se escondieron, que cubrieron su vergüenza y desnudez con hojas. No querían que Dios los encontrara.

Pero, obviamente, Dios los encontró.

Él quería que ellos salieran de su pecado, del escondite, de la vergüenza, y regresaran a una relación con Él. Pero Dios es justo y recto, y no podía tolerar el pecado sin imponer consecuencias. El pecado requiere un pago y el precio era la muerte. Ese día Él puso en marcha una respuesta a todo esto. Cubrió la desnudez y la vergüenza de Adán y Eva con ropas hechas de pieles de animales. Esa era una imagen del Evangelio, la promesa de que un día el sacrificio del Cordero cubriría nuestros pecados de una vez y para siempre.

Dado que todo esto es verdad, tenemos que liberarnos definitivamente del lazo de la vergüenza. Fuimos maravillosamente creados, para ser completamente libres.

Pero olvidamos que es así. Escuchamos las mentiras del diablo susurrándonos, que nos llevan a la vergüenza. Agrégale a esa vergüenza el dolor causado por otros, incluso si en nuestro corazón creemos la verdad de Dios, decidimos que es más seguro construir muros. Suspiro.

Por eso es que cuando recibimos un texto de último minuto invitándonos a alguna salida, lo rechazamos, nos arrastramos hasta la cama y seguimos mirando Netflix. Por eso es que, cuando una amiga segura nos pregunta cómo estamos, escupimos en un tono reflexivo —y en general mentiroso— un "¡Muy bien! ¿Y tú cómo has estado?" Por eso es que levanto paredes sin siquiera darme cuenta, y me aseguro continuamente de que mis amigas puedan saber que cuentan conmigo, pero nunca les permito ayudarme a mí.

La vergüenza es la razón por la que sentimos que fuimos traspasadas con miles de flechas cuando nos atrevemos a alzar la vista por encima de la pared protectora que construimos. La vergüenza puede hacernos mezquinas. Mientras que algunas nos escondemos detrás de muros de bondad y hospitalidad, otras buscan protección en la dureza y la hostilidad, de manera preventiva, atacando para evitar ser lastimadas nuevamente.

Pensamos que el problema de base de nuestro aislamiento es la ocupación crónica, o la adicción a la tecnología, o las familias rotas, o la iglesia, pero el problema está en nuestro interior. Estuvo, estará, y seguirá estándolo hasta que Jesús regrese.

¿Tienes un matrimonio difícil?

¿Estás atascada en la pornografía o en la obsesión por tu imagen?

¿Has estado cautiva del resentimiento y la falta de perdón hacia alguien?

¿Estás atrapada en deudas de las que nadie sabe?

¿Estás crónicamente furiosa con tus hijos?

¿Dudas de la fe con la que creciste?

La estrategia del enemigo es empujarnos a lo profundo del foso de la vergüenza y el pecado, y hacernos sentir tan aisladas y culpables que nunca admitamos nuestras luchas en voz alta. Algunas investigaciones nos dicen que comenzamos a sentir vergüenza entre los quince y los dieciocho meses de edad.[1] Eso significa que experimentamos la vergüenza antes de siquiera tener palabras para expresarla. Con el tiempo esta tendencia erosiona nuestra confianza en Dios y fractura nuestras relaciones.

El diablo hace bien su trabajo. No solo él usa la vergüenza para arrancarnos de la conexión y la comunidad, sino que sus susurros invaden nuestro pensamiento y multiplican el dolor: *"¡Es tu culpa que estés sola!"*

¡Grrrr! No basta con sentirnos solas; también nos sentimos culpables al asumir que esa soledad es nuestro error.

El dolor y la vergüenza nos empujan a escondernos detrás de los muros de la autoprotección.

Finalmente, nos sentimos solas detrás de esas paredes y osamos salir.

Pero otra persona pecadora y herida está vagando fuera de sus muros también y —¡bam!— somos heridas nuevamente.

Así que volvemos a escondernos y el ciclo comienza otra vez.

¿Cómo nos liberamos de él?

SER PLENAMENTE AMADAS IMPLICA SER PLENAMENTE CONOCIDAS

Solo cuando bajamos la guardia y permitimos que nos conozcan, podemos vencernos a nosotras mismas y conocer gente amorosa. El amor nos cambia y cambia a los demás también. El amor toma a dos personas desconocidas y las convierte en familia. Dios es amor, y cuando elegimos cooperar con Él, empezamos a llevar ese amor a personas que están profundamente desesperadas por él.

Pero todo comienza dándose a conocer. Yo puedo decirle a un extraño en la vía pública que lo amo, pero eso no significa absolutamente nada. ¿Por qué? Porque no lo conozco. Mis palabras suenan vacías. Pero cuando se lo digo a mi hijo, a quien conozco íntimamente desde que nació, después de que confiesa con valor y su rostro lleno de lágrimas que estuvo mirando algo inapropiado en internet, ese "te amo" cobra otro sentido. Está lleno de todos los significados posibles.

Para nosotras no tienen sentido los clichés vacíos. Es el "te conozco *y* te amo" lo que anhelamos.

Por eso es que amo el Evangelio, porque es la historia en la que Dios nos rescata de nuestro escondite. Nos restaura y nos dice que "ya no hay ninguna condenación para los que están unidos a Cristo Jesús".[2] Y porque somos restaurados y tenemos pleno acceso a nuestro Dios, un Dios que perdona, tenemos las herramientas para modificar el ciclo de escondernos.

Jesús dijo que al que le ha sido perdonado mucho, mucho ama.[3] Entonces, las cosas que nos hicieron escondernos son precisamente las mismas herramientas que Dios redime para hacernos salir del escondite y para que, en amor, podamos sacar a otros de los lugares donde se refugian.

Las personas heridas hieren a otras.

Pero es igualmente cierto que solo las personas perdonadas pueden perdonar.

Hay un modo completamente distinto de vivir.

Tenemos que convertirnos en amigas que se llaman a salir fuera del escondite unas a otras. "Pero, si vivimos en la luz, así como él está en la luz, tenemos comunión unos con otros, y la sangre de su Hijo Jesucristo nos limpia de todo pecado".[4] Venimos a la luz. Nos arriesgamos a la transparencia. Y creamos un espacio seguro para que otros hagan lo mismo.

CÓMO HACER DE LA TRANSPARENCIA UN ESTILO DE VIDA

Cuando has estado en oscuridad por un largo tiempo, salir a la luz puede darte la sensación de encandilamiento y confusión. Así que imagino que tienes algunas preguntas:

¿De veras tengo que contar todo? Sí. Con esas pocas personas seguras y confiables. De veras comparte todo. Pero no con todo el mundo. Mira nuevamente los círculos del capítulo 4 y recuerda que estamos trabajando para lograr un círculo interno de tres a cinco personas que "saben todo". Toda tu aldea no tiene por qué saber

todo de ti. Califican para esta confianza solo los que están comprometidos con transitar a tu lado cada día de tu vida y acompañarte en las luchas.

¿Qué pasa si la otra persona no me corresponde con la misma apertura? Trata de averiguar por qué tu amiga no se siente segura siendo transparente. Hazle grandes preguntas y sigue intentando. Muchas personas, como yo, insertan un emoji con la mano en alto aquí porque no son buenas para esto de confiar. Francamente, necesitan practicar. No te des por vencida tan rápido.

¿Tengo que darle permiso a las personas para que hagan esto de la aldea conmigo? ¡Sí! Tienes que tener esa incómoda conversación de "quiero que seas una de mi gente".

¿Cómo superas la etapa de las conversaciones superficiales? Te lo mostraré. Hablamos un poquito sobre las conversaciones grandiosas en el último capítulo, pero seamos más específicas aquí con un entrenamiento en Conversación 1.0.

Déjame decirte de frente que puedes esperar que esto sea incómodo. Por lo superficial que se ha vuelto nuestra cultura, no hay manera de profundizar una amistad sin un poquito de toma y saca. En vez de temerle o de resistirte o de explicarlo, ¿qué tal si simplemente lo haces? Si sientes que esa persona es de confianza, entonces prueba estos seis pasos para tener una conversación vulnerable. Recuerda: no te tomes muy a pecho a ti misma.

1. Planifiquen una reunión libre de distracciones y en la que no las interrumpan (demasiado).
2. Prepara a tu amiga. Dile que desearías tener una conversación más profunda de las que suelen tener. Dile: "Quiero contarte algunas cosas que me están pasando en este tiempo". O, si se trata de un grupo pequeño de personas, puedes decir: "¿Podríamos hablar sobre lo que realmente está pasando en nuestra vida ahora?"

3. Dirige la conversación. Expresa por qué quieres profundizar. Cuenta alguna dificultad que estés atravesando. Sé tan vulnerable como puedas, porque las demás irán tan profundo como tú hayas ido. Cuando hablas con sinceridad, a menudo provocas que las otras personas también deseen ser sinceras. Después de hablar tú, pregúntale a la otra persona o al resto cuál es la dificultad que están enfrentando.

4. Resiste la tentación de dar una solución. En una forma de conversación, repítele de manera consistente a tu amiga que estás ahí para escucharla. Pero no la interrumpas. Espera hasta que haya una clara pausa antes de opinar sobre lo que estás oyendo, ofrecer tu perspectiva, o de hacer otra pregunta. Construir amistades profundas requiere un montón de escucha activa e intencional. Si tienes una opinión, pide permiso para hacerlo.

5. Afirma a tu amiga, siguiendo la conversación y expresándole cuánto significa ese intercambio para ti.

6. Planifiquen una reunión de seguimiento.

Quiero darte otro consejo más para practicar la transparencia: dile a la gente exactamente lo que necesitas de ella. La mayoría de las personas no están acostumbradas a este tipo de conversación, pero no permitas que su primera reacción te haga retraerte. Si quieres que te escuchen, entonces pídeles que te escuchen. Si quieres que te ayuden a resolver el problema, entonces pídeles que te propongan soluciones. Dile a las personas cómo pueden ayudarte y permite que te digan cómo puedes ayudarlas.

LÁNZATE, ABRE LAS PUERTAS

Después de esa conversación con mi amiga Jessica, cuando a medio *podcast* me dijo que yo tenía que necesitarla más para ser mejor amiga, me di cuenta de que ya había tenido suficiente. Estaba harta de ser cuidadosa. Reprimida. Segura. Sabía que deseaba cambiar. Era como una niña relacionalmente hablando en esa área, pero quería crecer y madurar. La cuestión era *cómo*.

Lo que funcionaba con los niños tenía que funcionar para mí: tropezar y caer, tropezar y caer y levantarse otra vez. Ese era mi primer año en Dallas, y las dos personas con las que pasé la mayor parte de mi tiempo fueron mi cuñada Ashley y mi amiga "llámame-en-medio-de-la-crisis-en-vez-de-mandarme-un texto", Lindsey. Sin saberlo se convirtieron en mis entrenadoras emocionales. Yo presté atención a la clase de preguntas que me hacían, la clase de libertades que se tomaban, la forma en que me contaban todo lo que les estaba pasando a ellas, casi sin parpadear.

Sé lo incómodo que suena todo esto. Tal vez debería haber titulado este libro *Cómo ganar amigos sin incomodar*. Pero te estoy dejando entrar a mi mundo interno, alocado como es, porque no creo que sea la única persona que se reconoce como emocionalmente atrofiada en cierta medida. Por cierto, tú y yo podemos estar atrofiadas en diferentes formas. Tal vez tu batalla sea que estás tan necesitada, tan exhausta, que no sabes dar. O tal vez seas tan descuidada con las historias de las demás, que usas sus luchas para tratar de verte mejor. O quizá te encierras porque no quieres sentir la presión de que alguien te necesite.

Puede ser que tu grupo de amigas que solía ser un sitio seguro para la transparencia se haya convertido solo en un espacio donde renegar y quejarse sin ningún fin saludable. En el próximo capítulo hablaremos de esto, pero déjame decirte ahora que la transparencia irreflexiva o desconsiderada no es la meta, a menos que formemos un ídolo de nuestras luchas y pecado. No es así; permitimos que nos conozcan para cambiar y crecer juntas. Hay un propósito en la sinceridad y la actitud genuina, y ese propósito es para nuestro bien.

Entonces, ¿qué está "bien" contar?

Antes de cenar con algunas nuevas amigas me senté con mi diario y mi celular; revisé las obligaciones de la semana anterior, las actividades y eventos; luego escribí en un *post it* algunas cosas sobre las que me podía abrir y ser vulnerable. Lo sé. Soy una tonta. ¡Pero estaba intentándolo! Esas eran cosas íntimas, cosas que estaba preparada para compartir con franqueza.

Llegamos al restaurante y ordenamos la comida. Luego siguieron esos quince minutos calmados, cuando la gente normal, altamente relacional habla espontáneamente sobre lo que le está pasando (no de su vida según Instagram, sino de su vida real). Aquí es donde yo empiezo a hacer preguntas: me brillan los ojos, echo los hombros hacia adelante, en señal de atención, pero esa noche estaba comprometida con relacionarme de otra forma, probar algo diferente.

Admito que al compartirles lo que había preparado: las cosas que no estaban saliendo bien esa semana, me sentí increíblemente consciente de mí misma, y me preguntaba si estaba usando la clase correcta de palabras, si estaba dominando la conversación y si estaba haciendo el ridículo. Pero seguí, recordando que si no daba esos pasos hacia adelante, me quedaría exactamente en el mismo lugar donde estaba. Y ese no era el lugar donde quería vivir.

Esta es la cuestión: estarás tan cerca de tu amiga en la medida que te muestres vulnerable con ella.

Y no es por ser pesimista, pero las personas vulnerables salen heridas. Seguro que debes estar pensando: "Mejor sigo haciendo las cosas a mi manera. Al menos mi corazón estará intacto".

O tal vez piensas: "Seré civilizada… hasta seré cordial. Pero ¿auténticamente conectada? No. Ya estuve allí. Ya hice eso. Y no es para mí".

"Amar por completo es ser vulnerable", escribió C.S. Lewis.

Ama cualquier cosa, y tu corazón posiblemente terminará roto. Si quieres asegurarte de mantenerlo intacto, no debes darle tu corazón a nadie, ni siquiera a un animal. Cúbrelo cuidadosamente con pasatiempos y pequeños lujos; evita todo enredo. Guárdalo bajo llave en el ataúd o el féretro de tu egoísmo. Pero en ese féretro, sin movimientos y sin aire, cambiará. No lo harán pedazos; se volverá irrompible, impenetrable, irredimible. Amar por completo es ser vulnerable.[5]

Según la óptica de Lewis, envolvemos nuestro dolor y lo sostenemos en alto como un premio, negándonos a dejarlo. Es un recordatorio de la locura que hemos enfrentado y sobrevivido, y un recordatorio de que nunca más dejaremos que jueguen con nosotros.

¿Pero esa autoprotección vale el costo de seguir viviendo aisladas y tristes?

Para mí la respuesta es un rotundo no. .

Hace poco contacté a Courtney. No habíamos hablado en bastante tiempo. Inicialmente me había sorprendido la forma en la que ella me sacó de su vida. Estaba muy herida. Dada esa realidad, supuse que un espacio pequeño sería mejor. Pero quería ver si era posible una restauración. Quería disculparme. Quería decirle que ya había logrado ver lo que ella había visto hace un tiempo y que estaba trabajando en eso. Quería escribirle, volver a intentarlo, llamarnos amigas de nuevo. Lo habíamos sido por más de una década; ¿de veras estábamos dispuestas a no hablarnos nunca más?

Así que le pregunté si podíamos vernos. Cuando me dijo que sí, estaba tan nerviosa que se me aceleró el corazón.

Me senté frente a ella, temblando y llorando. Ella me contó cómo la había lastimado y por qué se había retirado. Me dijo cosas que eran ciertas, y yo entendí lo dolida que debió haber estado. Me dijo que recordaba vívidamente que una vez yo pasé por su casa y me senté sobre su cama y lloré contándole mi dolor. Me dijo que

nunca se había sentido tan cercana a mí como ese día. Pero el resto
del tiempo era agotador estar en una amistad donde ella era la única
necesitada. Tal como Jessica también me había dicho, para Courtney era importante sentir que yo la necesitaba. Eso era parte de que
yo fuera buena amiga. Yo deseaba —y todavía deseo— mejorar en
esto. Me disculpé y ella también se disculpó.

Courtney me perdonó y yo le pedí perdón; luego nos pusimos
al día con todo lo que nos habíamos perdido durante ese tiempo.
Estoy tan feliz de haberme lanzado a abrir la puerta nuevamente,
una puerta que ahora intento dejar sin llave. A veces hasta la dejo
entreabierta, meciéndose levemente con la brisa. La gente pasa por
ella cada vez más, y todavía hago una pequeña mueca de dolor
cuando se meten y me hacen contar todo lo difícil, enfrentar todo
lo difícil, lidiar con todo lo difícil. Pero algunas veces traen pizza
o sushi, lo que hace que resulte más sencillo.

Incluso sin sobornos, sé que es mejor de este modo. Estoy
aprendiendo a estirar y encojer.

Es la mejor manera.

SU TURNO: PRACTIQUEN LA CONVERSACIÓN TRANSPARENTE

Toma el puñado de gente que hayas identificado como tus tres a
cinco amigas más íntimas (o conocidas con el potencial de convertirse en amigas cercanas). Invítalas a cenar esta semana y practiquen
los seis pasos para tener una conversación vulnerable.

Si eres como yo, puedes tener dificultades para darte cuenta de
qué es exactamente lo que está sucediendo dentro de ti.

Algunas personas huyen de cualquier conversación profunda
porque no quieren ir a ese lugar o no saben cómo llegar ahí. Tenemos que ser buenas en ayudar a las personas a salir. Aquí hay una
lista para ayudar a atrapar (amorosamente) y taclear a esa amiga
que está corriendo a toda prisa, alejándose de sus sentimientos

(escrita por alguien que es experta en correr en la dirección opuesta a los sentimientos difíciles).

Para quitar algo de presión, tú y tu grupo de amigas pueden llenarlo con anticipación y tomar tiempo para leer sus respuestas en voz alta durante su reunión:

Esta semana en el trabajo (o en casa) estuve ocupada en _____

_____ y sentí _____.

Creo que me sentí así porque _____

_____.

Desearía que _____
sucediera.

Muy pocas personas saben que _____

_____ está pasando en mi _____.

Necesito _____, pero
tengo miedo de pedirlo.

Dudo a la hora de abrir mi corazón porque _____

_____.

La mejor forma en que puedes amarme ahora mismo es

_____.

IDEAS PARA EDIFICAR RELACIONES CON TRANSPARENCIA...

- En vez de comprar algo en Amazon, intenta pedírselo prestado a una vecina.
- Coloca tu brasero o tu mesa de picnic en el jardín delantero. Habla con la gente que pasa, invítalos a acompañarte un rato.
- Invita a tus vecinos a ver una película en el proyector en el jardín delantero.
- Pídele a tu gente segura ir a tomar un café y diles que quieres tener una conversación profunda.
- Responde con sinceridad la próxima vez que alguien te pregunte cómo estás.
- Llama a una amiga en vez de mandarle un mensaje. Incluso si no es una llamada "seria", las hará hablar un poquito más.
- Pregúntale a tus amigas sobre lo bueno y lo malo de su semana.
- Dile a alguien que lo/la quieres. Literalmente di: "Me gusta pasar tiempo contigo".
- Trabaja sin los auriculares, para estar disponible para conversar.
- Deja tu teléfono en el auto cuando te reúnas con una amiga.
- Pídele consejo a alguien sobre algo con lo que estás luchando, aun si es algo pequeño.

¿Qué pasa cuando…

… me preocupo porque no sé si he revelado demasiado?

Comienza la conversación diciendo: "Sé que esto puede sonar un poco raro, pero soy nueva en este nivel de sinceridad y de ser vulnerable. ¿Podrías por favor decirme con toda honestidad si voy muy rápido y te he compartido demasiado? Tu franqueza me ayudará a saber cómo hablar sobre mis cosas y crecer en esta área".

Si realmente lo haces bien, entonces por momentos dirás demasiado y a veces saldrás lastimada por la reacción de los otros. Y eso está bien. A veces las personas no saben qué hacer con las cosas difíciles. Sé amable y tal vez más moderada con la cantidad de cosas que revelas. Pero tampoco supongas que has abrumado. Quizás no estén seguras de cómo responder, pero están muy agradecidas por la confianza que les brindaste al abrirte. Recuerda: te dije que esto es un riesgo, y las cosas arriesgadas no parecen ser cómodas. El hecho de que se sienta algo de incomodidad no significa que lo estás haciendo mal. De hecho, probablemente signifique todo lo contrario.

… repetidamente no responden bien a mi vulnerabilidad?

Absolutamente, esto puede pasar. Te lo advertí, así que no te sorprendas. Es parte del proceso de encontrar a tu gente adecuada. Te arriesgas compartiendo un poco con alguien y decides si es seguro contarle un poco más. Recuerda que debes ser clara al decir cómo necesitas que te apoyen. Asegúrate de cambiar roles y dejarlas hablar también.

Sin dudas, hay personas que no llegarán a formar parte de tu círculo de seguridad, pero encontrar a las que sí implica arriesgarse y posiblemente salir lastimada por esa otra gente.

… hay que distinguir entre quejarme y ser vulnerable?

Gran pregunta. Las Escrituras dicen: "Háganlo todo sin quejas ni contiendas, para que sean intachables y puros, hijos de Dios sin culpa en medio de una generación torcida y depravada".[6] El apóstol Pablo, que escribió esas palabras, debe haber sabido que, aunque a corto plazo se siente bien quejarse, difícilmente resuelve el problema que ha generado la queja.

La queja suele enfocarse en los demás en vez de reconocer nuestra parte en la situación. La vulnerabilidad, en cambio, requiere humildad y deseo de crecer. Ser verdadera y —adecuadamente— vulnerable comienza con un corazón que anhela un cambio, un corazón que quiere cortar la atadura con el patrón de pensamientos negativos para perseguir y caminar en la verdad.

Quejarse busca alivio. La vulnerabilidad busca transformación y conexión.

Quiero que otros me necesiten, pero no quiero necesitar a otros.
—MAE ELIZABETH

La gente no me entiende.
—KATY

Parece que no puedo ponerme de acuerdo con las personas.
—MORGAN

Temo ser vulnerable, podría ser rechazada.
—SUE

Soy demasiado para ella.
—DANA

No quiero que la gente me juzgue si derribo mis muros.
—MEGAN

7

PROTEGIDA

Hace unas semanas, Lindsay, Ashley, Callie y mi amiga Jennie E. vinieron a visitarme. Charlamos un rato y luego la conversación tomó un giro extraño. No recuerdo exactamente qué comentario hice, pero Ashley me miró y exclamó: "Jennie, parece que tienes el corazón endurecido ahora".

Pufff.

Ella me había preguntado cómo andaba en un área vulnerable, una lucha que estaba teniendo en una de mis relaciones, y algo en la forma en que le respondí envió una señal de alerta.

Me senté allí, anonadada, "¿En serio?", le dije. "¿De veras estás sintiendo eso de mi parte?"

Lindsay se metió en la conversación. "Detesto decirlo, Jennie, pero yo pienso lo mismo".

Estoy casi segura de que puse mis ojos en blanco cuando desfilaron por mi cabeza todos estos pensamientos:

Estoy bien.

No me molesten.

Estoy cansada.

Solo quiero divertirme.

Déjenme en paz.

Esto no es la gran cosa.

Yo no soy la que está equivocada en esta situación entre esa amiga y yo. O al menos no estoy TAN equivocada. Tal vez un poco, pero NO ESTOY DE ÁNIMO AHORA.

Mientras tanto, ellas continuaron explicándome lo que estaban percibiendo en mí. "Parece como si hubieras bloqueado tu parte en este asunto", dijo una.

Comencé a sentirme acalorada. No estaba interesada en absoluto en llegar a ese punto, pero allí era exactamente a donde se dirigían. "Probablemente tengas razón", admití. "Honestamente, estoy escuchando lo que dices y tal vez sea cierto eso de que me cerré a esta situación".

Mis amigas me miraron y se quedaron calladas por un momento. "¿Es así como... *quieres* ser?", una de ellas finalmente me preguntó con una sonrisita de superioridad, sabiendo que yo me encontraba escribiendo este libro.

Lo que vino a continuación me hizo romper en llanto, y mi corazón amurallado y endurecido comenzó a suavizarse. En medio de nuestra divertida noche juntas, ellas oraron por mí y por esa situación. Más tarde, cuando se marcharon, sonreí con los ojos llorosos e hinchados. Dormí mejor esa noche que lo que había dormido en varios días. Oré mejor, también. Me sentí más libre, plena y en paz.

Yo soy alguien que endurece su corazón casi de manera profesional. Odio sentir dolor, entonces me cierro. Esas amigas me conocen y me aman de todos modos. Además, me aman tanto como para no dejarme en ese estado. Ellas me tiran la cuerda y luego jalan para atraerme, no solo a ellas sino a Jesús.

Lo detesto. Pero a la vez lo amo.

LO DURO Y LO BELLO DE SER CORREGIDA

¿Qué hay en el rendir cuentas que nos hace evitarlo?

En el fondo, la transparencia nos llama a ser lo que fuimos creadas para ser, por medio de la verdad mezclada con gracia.

Pero la declaración de la independencia de nuestra generación nos ha alejado de esto.

No queremos ser desafiadas en nuestras conductas.

Pero ¿qué pasaría si ese elemento faltante fuera exactamente la causa por la sentimos que nuestras relaciones no llegan a profundizarse?

Yo conocí a mi amigo Jey a través de algunos amigos en común. Él es joven, apuesto y alegre, y cuando comenzó a contarme sobre su crianza, recuerdo haber pensado: *No parece en absoluto que esta persona y esta historia de vida vayan juntas.*

La niñez de Jey en los suburbios de Nairobi fue dura. Quiero decir, *dura*, pero dura de verdad. Dura como haber nacido a la sombra de una pobreza transmitida por generaciones y ser obligado a vender licor de contrabando a los ocho años para mantener a su familia. Dura como caminar cada día sin tener idea de dónde iba a venir su próxima comida ese día. Dura como ser puesto en prisión a los nueve años por haber robado comida para su madre soltera y sus hermanos, intentando desesperadamente no morir de hambre.

"Cuando estuve en la cárcel", me dijo Jey, "oré pidiéndole dos cosas a Dios. Yo no había hablado con Él nunca, pero estaba seguro de que en ese momento le estaba hablando. Las dos cosas que le pedí fueron, salir de la prisión y salir de la pobreza, que es otra forma de prisión, supongo".

Sin embargo, esto es lo divertido acerca de Jey: cuando habla de su niñez, siempre sonríe. Sonríe *mucho*. Me contó historias sobre la norma que hay en Kenia de "estrecharse las manos".

"Los niños entraban a nuestra casa porque no teníamos puerta ni cerraduras en nuestra pequeña choza y nuestra abuela, que vivía con nosotros, no tenía idea de cuándo era la última vez que habían comido. Ella estaba intentando mantener a sus propios niños con vida. Aun así, hacía entrar a todos, los sentaba a la mesa y se las arreglaba para darles de comer como si fueran su familia."

Me contó sobre cómo ella compartía sus cosas. "No había un concepto de lo tuyo o lo mío, ni de privacidad o propiedad".

Aunque Nairobi es una ciudad de millones de habitantes, dentro del vecindario de Jey, su abuela y otras personas servían como si fuera una comunidad del tamaño de una aldea. "Yo andaba recorriendo el otro lado de la villa miserable, vagando con mis amigos, entonces escuchaba mi nombre porque "los ancianos" estaban por todas partes. Esos ancianos me agarraban del cuello allí mismo y me castigaban, por supuesto que mi abuela se enteraba de todo", contaba.

La vida de Jey cambió de manera radical cuando estaba en la prisión y supo que una familia de Estados Unidos quería apadrinarlo a través de Compassion International, lo que significaba que no solo saldría libre de la cárcel sino que él, sus hermanos y madre recibirían comida, agua potable, atención médica y guía espiritual cada mes, así que no tendría que volver a robar. Durante la siguiente década, Jay estudió muy duro en el colegio y encontró un trabajo que lo trajo a los Estados Unidos, donde ahora vive, en Atlanta.

Él había pasado una vida soñando con llegar a Estados Unidos y lo había logrado. La gente no estaba tan desamparada en Atlanta como en Nairobi, y Jey pensó que su prosperidad lo haría más permeable al Evangelio. "Cuando no tienes que preocuparte por la comida, tu mente está más libre para pensar en metas más elevadas".

Lo que no pudo anticipar fue que en esa vida difícil en Kenia había disfrutado de un tipo de prosperidad que reconoció hasta que la perdió. "Extraño la comunidad, Jennie", me dijo. "Sí, las personas en mi aldea natal eran pobres, pero éramos pobres juntos". En contraste, en Estados Unidos "todos son muy, muy independientes. Tienen sus propias casas, autos y vidas".

Cuando habló sobre lo que extrañaba de Nairobi y sobre los suburbios, dijo: "Extraño que todos entren y salgan de nuestra vida. Desearía que eso también sucediera aquí, pero todo es tan diferente. Estoy agradecido por lo que tengo, aunque desearía que mis hijos crecieran con los ancianos de la tribu pendientes de ellos. Desearía que aquí mi familia fuera parte de una aldea".

Cuando no tenemos una aldea de personas interconectadas y consistentes en nuestra vida, nos sentimos invisibles, quedamos solos y a la deriva, nos convertimos en la peor versión de nosotros mismos. Ya sean vecinos, mentores, abuelos o amigos íntimos, necesitamos que la gente nos vea. Alguien que nos haga una llamada o nos sorprenda con una visita.

Pero detestamos palabras como...

Sumisión.

Dar cuentas.

Corrección.

La idea de tener que responderle a otros nos suena incómoda y queremos huir de eso. ¿Y si estuviéramos huyendo de aquello que más necesitamos, es decir, ser atrapados?

Ser nombrados y vistos, observados y corregidos, no es la norma en nuestra cultura, pero la Biblia habla mucho acerca de esto:

- "...si alguien es sorprendido en pecado, ustedes que son espirituales deben restaurarlo con una actitud humilde".
- "Obedezcan a sus dirigentes y sométanse a ellos, pues cuidan de ustedes como quienes tienen que rendir cuentas".
- "...dejando la mentira, hable cada uno a su prójimo con la verdad, porque todos somos miembros de un mismo cuerpo".

- "Si tu hermano peca contra ti, ve a solas con él y hazle ver su falta. Si te hace caso, has ganado a tu hermano".
- "Cuando falta el consejo, fracasan los planes; cuando abunda el consejo, prosperan".
- "Sométanse unos a otros, por reverencia a Cristo".[1]

Esos son solo algunos de los cientos de versículos de la Biblia que hablan de la importancia de la sumisión, dar cuentas, recibir y dar corrección en amor.

LOS BENEFICIOS DE RENDIR CUENTAS

Nuestra mudanza a Dallas nos situó justo a pocas cuadras de algunos miembros de la familia extendida, y nuestros hijos estaban felices de asistir a la misma escuela que sus primos. En la puerta de la escuela, el primer día de clases, los recibió su abuelo, que trabaja allí y resulta ser famoso y el segundo mejor director técnico de fútbol de Texas, lo que lo convierte en una especie de celebridad. Al principio, cuando entraron al campus, ser conocidos como los nietos del entrenador Allen fue una gran ventaja. Todos eran amables con ellos, los maestros tenían algún contexto de quiénes eran, y cosecharon los beneficios y el favor de una relación así.

Después, Kate se durmió en la práctica de *cross-country*, lo cual, por política del equipo, significaba que no le permitirían participar en el próximo encuentro. Llegó a casa pálida como un fantasma por el temor, y nos contó lo sucedido. Con toda la vergüenza del mundo susurró: "Ahora tendré que hablar con el entrenador".

Así es como todos los nietos llaman a su abuelo: entrenador.

Yo sonreía y ella lloraba. ¿Es que soy cruel? No, para nada. Solo reconozco los beneficios de vivir responsablemente. Mis hijos ahora tienen alguien ante quien hacerse responsables por sus actos. Ya no solo responden ante mamá y papá sino también tienen que enfrentarse a sus abuelos, a su tía y tío, que viven enfrente de la escuela y también los vigilan.

RENDIR CUENTAS NOS HACE MÁS EFICACES

"El hierro se afila con el hierro, y el hombre en el trato con el hombre" declara Proverbios.[2] Hierro con hierro: el simbolismo está tomado del proceso antiguo que todavía ocurre en mi cocina hoy. Cada vez que un cuchillo (o espada, si eso es lo tuyo) pierde su filo, busco otra superficie de metal y pronto dos piezas desafiladas pasan a ser herramientas afiladas y útiles, cada una refinada por el bien mutuo de la otra.

Perdí mi afilador de cuchillos por años y finalmente compré uno hace poco. No tenía idea de lo desafilados e ineficaces que se habían vuelto mis cuchillos hasta que vigorosamente froté sus filos contra ese rodillo de metal y luego probé rebanar un tomate.

Atravesó el tomate en un solo corte; quedé asombrada. ¡Mi cuchillo estaba feliz! Finalmente estaba volviendo a servir para un propósito. ¿Por qué lo había dejado reposando allí tanto tiempo, desafilado, zonzo e ineficaz? Estaba hecho para ser filoso y cortar.

Cuando le agregas la rendición de cuentas a la necesaria proximidad y transparencia, se desata un nuevo potencial en tu vida. Te afilas y eres más eficaz. Cambias. Como hablaremos en el capítulo siguiente, las relaciones saludables crecen cuando estás conectada con una misión y propósito en común. Pero si te saltas la práctica de dar cuentas y hacerte responsable, pierdes de vista el objetivo. Dejas de estar afilado y ya no eres tan efectivo.

¿Cuál es la solución?

Escoge amigos que tengan el potencial de mejorarte.

Luego, permíteles hacer precisamente eso.

RENDIR CUENTAS NOS LLAMA A VIVIR MEJOR

Esto podría ser lo más radical que he dicho hasta el momento: en todo el mundo y en todas las generaciones, una vida transparente es considerada no la excepción sino la regla. Eso es lo que Jey extrañaba de Kenia: alguien que lo corrigiera. Y alguien que corrigiera a sus hijas, que las amara lo suficiente como para ayudarlas a ser la mejor versión de sí mismas.

Si eres seguidor de Cristo, tu nuevo ser en realidad anhela ser corregido. No estamos cómodos con nuestros pecados. Somos "nuevas criaturas", ¿recuerdas? "Por lo tanto, si alguno está en Cristo, es una nueva creación. ¡Lo viejo ha pasado, ha llegado ya lo nuevo!"[3]

Y cuando lo viejo pasa, nunca más estamos cómodos con nuestro pecado.

Fuimos creados para vivir en luz, para ser conocidos, vistos, y desafiados a una vida mejor.

Cuando recientemente llevé a Cooper a Ruanda por más de una semana, sus tías y ancianos tribales fueron compañeros de crianza conmigo. La tía Alice y el pastor Fred siempre estuvieron con nosotros, siempre lo corrigieron e instruyeron, enseñaron y exhortaron para que diera lo mejor.

Cuando Cooper se estaba dando demasiada importancia ante un montón de chicos de la calle visiblemente impresionados con su actitud, el pastor Fred lo llevó aparte, se arrodilló delante de él y puso sus manos sobre sus hombros. Amablemente le dijo: "Cooper, te estás perdiendo una gran oportunidad de conocer a esos chicos. Sé que es lindo que te traten como alguien especial, pero ellos también lo son. Tienes la responsabilidad de verlos y de interesarte, así como lo haría Jesús, de mostrar que sabes cómo relacionarte, escucharlos y preocuparte por ellos".

Quedé asombrada. No le había pedido al pastor Fred que fuera un compañero de crianza esa semana, pero él estaba haciendo simplemente lo que *todos* en su cultura hacen. Los creyentes en Ruanda colaboran, se respaldan mutuamente y a todos los que aman según el estándar de Jesús les hacen saber cuándo se equivocan. Sean tías y tíos de sangre o por elección, la rendición de cuentas y la responsabilidad es el lenguaje de la vida en la aldea.

DAR CUENTAS NOS DESAFÍA A IR MÁS LEJOS

El rendir cuentas no se trata solo de evitar el pecado o de mitigarlo. Tiene que ver con desafiarnos e inspirarnos unos a otros, con decirle a una amiga que está subestimando sus habilidades o invitarla a asumir un riesgo cuando ves que se está retrayendo en vez de soñar en grande para Dios.

Mientras escribía esta mañana, me puse a conversar con dos jovencitas que almorzaban sentadas en la mesa de al lado. Me dijeron que se habían juntado para soñar acerca del nuevo año. Conocía ese brillo en su mirada y las notas que tomaban cuando hablaban. Sabía de esas lágrimas de alegría, derramadas sobre los huevos revueltos con tocino. Supe reconocer lo que estaban haciendo: juntas estaban eligiendo ser mejores.

Tocino, café, sueños, mejorarse una a la otra, creer para la otra lo que a veces nos cuesta creer para nosotras mismas, recordarnos de Jesús, de su gracia y del cielo; eso es lo bueno de las amistades que perduran.

EL PROCESO DE SER AFILADOS

A menudo me preguntan mi opinión sobre lo que hace funcionar una amistad; qué considero en realidad como una "comunidad auténtica". Hay varios aspectos a tomar en cuenta, aunque lo primero en mi lista es la práctica de decirse las cosas difíciles, escucharse y aceptarlas.

"El hierro se afila con el hierro, y el hombre en el trato con el hombre", ¿recuerdas? Tenemos la oportunidad de afilar y ser afilados, si tan solo vemos nuestras relaciones como ese yunque donde podemos recuperar la eficacia. ¿Y quién en su sano juicio desearía ser la pieza de metal que está siendo corregida? Llamas ardientes, el martilleo contra una superficie dura, doblarse, ser pulidos, sentir dolor. Nadie parece desear esa experiencia, pero sí la queremos. En realidad, la anhelamos. Solo que no sabemos cómo obtenerla.

Comienza haciéndote esta pregunta: *¿Quién tiene la sabiduría para hablarle a tu vida?*

Tal vez se trate de un par o de alguien mayor que tú. Recuerda que en esta aldea hay amigos y mentores, una amplia red de personas que pueden brindar sabiduría a tu vida, no solo las dos o tres personas más cercanas.

Una vez que hayas identificado a tu amigo o amigos sabios y confiables, busca de manera deliberada la rendición de cuentas:

1. Dales permiso para que te digan la verdad.
2. Pregúntales regularmente:
   a. ¿En qué área ves que necesito crecer?
   b. ¿Qué prácticas tengo que abrazar para crecer y madurar?
   c. ¿Podría ir conversando contigo a medida que hago este cambio?
3. Planifica una reunión de seguimiento. Agenda un tiempo para retomar esta conversación.
4. Pregúntale a tu amiga si puede confiarte algo que ella necesite hablar.

NO TE CONFORMES CON LO BUENO

Escucha, porque esto es importante: *no recibas críticas de cualquiera.* Elige las voces que tienes intenciones de escuchar. Solo dale permiso a ciertas personas para que traigan la verdad a tu vida. Busca gente que te llame a superarte, que no dejen pasar las cosas importantes.

He observado la tendencia de priorizar la aceptación y ser tolerantes a toda costa, sin importar las decisiones que alguien esté tomando, sus comportamientos, las creencias a las que se están aferrando, o miles de otras cosas que en realidad pueden estar llevándolo a un lugar peligroso. Si escuchamos lo que nos dice la sociedad, entonces pondremos la tolerancia en el lugar más alto de la lista de requisitos para ser buenos amigos.

Sobre gustos no hay nada escrito.

Tu verdad es lo que importa.

Tú, a lo tuyo.

No tiene sentido, ¿verdad? ¿Por qué? Porque lo último que tú y yo necesitamos son amigas que consientan nuestra estupidez. Si estoy a punto de saltar desde un precipicio y tú estás allí alentándome, tenemos un problema. Yo no necesito aceptación y tolerancia cuando estoy siendo una necia; necesito ayuda. Y tú también.

NO TE RODEES DE ESPEJOS

No solo necesitamos personas que nos muestren nuestra insensatez, sino que también precisamos gente que no sea una fotocopia de nosotros. Necesitamos vivir en comunidad con personas de diferentes etnias, trasfondos y perspectivas. Observo que la iglesia está muy dividida desde hace algunos años, por eso me estoy relacionando con personas que piensan diferente, que me desafían, por ejemplo, a ver cómo una ideología impacta en mis amigas afroamericanas. Una cosa es mirar las noticias y formarse una opinión sobre una política, y otra muy diferente es sentarse con una amiga que está llorando porque no sabe cómo criar a su hijo en un mundo lleno de odio racial.

Necesitamos a nuestro alrededor personas que desafíen nuestras suposiciones, que aumenten nuestra compasión, que enfrenten nuestro racismo y confronten nuestro materialismo. A menudo la vida de esas personas es muy distinta a la mía. Seguramente aman a Jesús, y han visto y experimentado el mundo de maneras que yo respeto. Por esa razón a mi familia le encanta viajar y tener un puñado de amigos en muchos otros países. Así es como comprendemos nuestro pequeño punto en el planeta Tierra, el color de nuestra piel, el privilegio de padres con su propia casa y con ingreso seguro, así dimensionamos la iglesia a la que asistimos, el nivel de educación que hemos recibido, todo eso moldea nuestras opiniones y perspectivas.

¿Cómo, pues, se verá desafiado nuestro pensamiento erróneo o será expandido nuestro entendimiento limitado sin amigos que nos ayuden a lograrlo?

LA GRAN CUBIERTA

Enfrentamos un enemigo mayor que la incomodidad cuando se trata de vivir dando cuentas y haciéndonos responsables. Es nuestro orgullo.

Si la vergüenza nos hace escondernos detrás de puertas cerradas y altos muros, el orgullo es la pintura, la guirnalda florida y el hermoso paisaje que dice: "¡Todo bien por aquí! Por cierto, estamos más que bien. ¡Estamos súper, al cien por ciento! Mira nuestros hermosos arbustos bien cuidados".

El orgullo es la gran cubierta que trata de esconder el hecho de que todos somos pecadores que necesitan gracia.

Adán y Eva comen el fruto, se esconden de Dios y luego desarrollan un plan. *¿Tal vez no se den cuenta de que estamos desnudos y tenemos vergüenza si nos ponemos estas hojitas preciosas?* Luego sacan la máquina de coser, se hacen unos lindos vestidos y salen del escondite con sus cabezas en alto.

"¡Todo bien por aquí!", gritan. Pero Dios conoce mejor la situación.

Adán culpa a Eva.

Eva culpa a la serpiente.

El orgullo los hunde.

El orgullo es nuestra defensa cuando somos acusados. El orgullo es nuestra insistencia en que nuestra opinión es una verdad bíblica. El orgullo son las buenas obras que presentamos para exhibir nuestra virtud. Esos logros que afirman que estamos justificados en nuestras decisiones. La prueba que damos para mostrar que no somos pecadores.

Pero nada en la tierra es más liberador que hacernos cargo de nuestros errores.

Ser atrapados.

Admitir que pecamos.

No culpar a nadie.

Bajar nuestras defensas y descansar en la provisión de Dios por nuestros pecados.

La gente que vive de esta manera es mi favorita. Son autocríticos y nunca defensivos, son divertidos, sinceros y libres.

Tengo a Tim Keller en mis auriculares tan seguido que prácticamente memoricé la mayoría de sus sermones; uno de mis pasajes preferidos de su obra es:

Nuestro pecado es peor de lo que nos imaginamos.

Y la gracia de Dios es más grande y mejor de lo que imaginamos.

Aceptar ambas verdades nos hace libres.

Una amiga me estaba contando sobre su suegra hace unos días. Estaba tan alterada que casi llora de frustración y enojo. La vi tratando de reponerse, y era como si un gigante letrero neón brillara sobre su cabeza con la palabra *miedo… miedo… miedo.*

"¿De qué tienes miedo?", le pregunté casi como un susurro, una vez que pudo salir de su colapso emocional.

Solo digo lo que vi. Yo no me avergoncé de su queja o de su temor. Solo verbalicé lo que ella no podía ver por sí misma, entonces, fue capaz de procesar de manera segura sus expectativas y el verdadero problema que necesitaba tratar dentro de ella. No le permití revolcarse en su enojo o ira. No la dejé en ese lugar, porque abandonarla así no sería amor.

No voy a mentirte: practicar las dos vías de la rendición de cuentas es complicado, y a veces torpemente lastimamos más que ayudar. Pero si tan solo abandonáramos nuestra postura defensiva, escucháramos y aprendiéramos de otros, descubriríamos que algo mejor nos espera. La verdadera rendición de cuentas proviene de un profundo amor y cuidado por nuestra gente. Si la gente sabe que la amamos, podemos arreglarnos cuando las palabras salen un poco mal. Los amamos demasiado como para dejarlos así.

A menudo huimos cuando las cosas se ponen difíciles, pero ¿qué pasaría si nos quedáramos y no nos cubriéramos? Si acaso los grandes problemas fueran los que brindan esa profunda conexión y amistad que tanto anhelamos.

Es así; cuando corremos las hojas de higuera con que nos cubrimos y decimos la verdad, o cuando escuchamos la verdad, nos exponemos más a ser heridos. Lo sé. Nadie me ha lastimado más que las personas que tengo cerca. Y a veces mi gente imperfecta habla cosas que dañan y no corrigen. A veces no entienden o no empatizan. A veces usan mi pecado en contra de mí. A veces chismean sobre lo que conté. A veces me juzgan. A veces me rechazan porque fui sincera. A veces me rechazan por algo bueno.

Para ser perfectamente transparente, estas realidades son espantosas. Pero, aunque cada una de las cosas que mencioné me sucedió personalmente, todavía te pido que te animes a este estilo de vida. Me estoy diciendo lo mismo a mí.

Este es el trato: si estás comprometida con crecer en madurez y sabiduría, ser relacionalmente más sana de acá a diez años, entonces comenzarás a ver ese yunque que mencioné no como un castigo sino como una herramienta para ese avance que tan desesperadamente necesitas. Dejarás de esconderte, de cubrirte y de decorar la guirnalda de tu puerta cerrada. Dejarás de retroceder cuando te hagan preguntas. Dejarás de simular que todo está bien. Permitirás ese pequeño y útil golpe en tu vida.

¿Por qué? Porque las Escrituras dicen que lo necesitamos: "…anímense unos a otros cada día, para que ninguno de ustedes se endurezca por el engaño del pecado".[4]

RINDE TODO ALLÍ

La manera en la que Dios nos protege de nuestro enemigo y del pecado es invitándonos a compartir la responsabilidad mutua: con nuestra gente peleando por nosotros y nosotros peleando por ellos.

Lo he visto. Con frecuencia. En nuestro pequeño grupo, vamos *a lo profundo*. Me refiero a que nos mostramos tal como somos. Y nunca tuve personas peleando por nosotros como lo hace este grupo.

Desde nuestros primeros días en Dallas, hace más de tres años, Zac y yo hemos estado en este grupo pequeño del que te conté, una reunión semanal de parejas, organizada por nuestra iglesia. No tengo otros amigos en la ciudad, como recordarás, así que acepté la invitación de unirme a ellos, a pesar de mis serias reservas.

A los pocos meses, la líder dijo de manera casual algo como: "La próxima semana vamos a exponer nuestras finanzas unos con otros, incluyendo números, y hablaremos sobre cómo rendirnos cuentas en nuestra generosidad, gastos y deudas".

Espera, recuerdo haber pensado, *¿¡que quieres saber qué!?*

Sip. Ellos querían datos específicos sobre compras que estábamos considerando hacer, compras que ya habíamos hecho, y nuestro estado financiero general. Querían datos, como hojas de cálculos.

Uno de los matrimonios estaba comprando una casa nueva, entonces, como era la costumbre, llevaron toda la información para compartirla con las demás parejas: cuánto costaba, cuánto planeaban dar como adelanto, y cuánto dinero en efectivo les quedaría y cuánto pagarían de impuestos al año; además compartieron sobre cosas que pagarían en esa nueva vivienda, y otros gastos que estaban haciendo (no menores como dos hijos entrando en la universidad en poco tiempo), etcétera. Todo eso terminó en una gran conversación.

Las personas hacían preguntas, observaciones, ofrecían alternativas a considerar. Luego, oraron pidiendo claridad y sabiduría para los compradores. Y mientras estaba allí sentada aprendiendo de toda esta actividad, algo casi tangible salió de mí. El temor salió. Porque pude ver lo hermosa y reafirmante que puede ser la rendición de cuentas.

Desde ese momento y durante los últimos cuatro años, Zac y yo hemos tomado cada decisión económica importante consultando con nuestro grupo. Aunque pueda sonarte horroroso — "¿les cuentas todo?" — ha sido una tremenda fuente de paz para nuestra vida porque significa saber que esos compañeros de viaje nos están cuidando. "Cuando falta el consejo, fracasan los planes; cuando abunda el consejo, prosperan", dice Proverbios.[5] Siempre asentí en acuerdo con ese principio, pero ahora estoy de veras haciendo lo que indica.

"¿Pero esa información no puede ser usada en tu contra?", te preguntarás.

Supongo que podría ser, algún día. Pero hasta aquí los beneficios han superado los riesgos.

Si la rendición de cuentas se hace bien y con las personas correctas, amaremos más a Jesús y nuestra vida reflejará que ese amor es real.

ESTABLECER LOS PRINCIPIOS BÁSICOS

Siento el impulso de observar que es muy fácil hacer todo mal. Cuando te sientas frente a alguien, le cuentas tus luchas y ellos te cuentan las suyas, la inclinación natural es a resolver los problemas del otro, en vez de cada uno dirigir su mirada hacia Cristo. Tal vez nosotros podamos poner una vendita sobre los problemas del otro, pero ¿qué tal si les mostramos a nuestros amigos al médico definitivo en vez de ofrecerles una ayuda rápida? Ir a Jesús es el comienzo para ver un cambio sobrenatural en nuestra vida.

El primer estudio bíblico que escribí se llamó *Stuck: The Places That Make Us Stuck and The God Who Sets Us Free* [Atascada: Los lugares que nos atascan y el Dios que nos hace libres]. Compartí este estudio por primera vez en mi iglesia, porque sabía que yo lo necesitaba y mis amigas también. Alrededor de ciento cincuenta mujeres de diferentes edades llegaron a la pequeña cafetería de la iglesia. Usamos tarjetas de conversación para guiarnos en la discusión, y todo el tiempo, cada vez que hacíamos una pregunta muy profunda, todas terminábamos aconsejándonos entre nosotras. Las mujeres se contaban cómo manejarían situaciones a partir de su propia experiencia en vez de apuntar a la Palabra de Dios.

Después de eso, reformé completamente la manera de hacer el estudio bíblico. Puse reglas fundamentales. Establecí las Escrituras como el centro. Al comienzo de cada reunión de grupo pequeño, incluso si ya habías estado allí cuatro o cinco veces, tenían que leerlas todas. Las reglas básicas permanecen: no nos aconsejamos la una a la otra, basadas en la sabiduría humana, sino en la Palabra de Dios.

Cuando una persona comparte una preocupación, otra le responde: "Okey, te escucho. Ahora, escuchemos juntas a Dios". No dejamos de hablar y descargarnos, pero dejamos de intentar arreglarlo con la sabiduría de este mundo. Llevamos todo eso a Dios y a su Palabra.

Tú y yo necesitamos amigas que, en vez de intentar arreglar las cosas de nuestra vida, nos ayudan a fijar firmemente la mirada cada vez más en Jesús.

EL SITIO MÁS SEGURO

En Ruanda, el pastor Fred involucró a Cooper en diferentes maneras de relacionarse con los chicos de la villa, una manera que no solo ahogara el ego de Coop sino que también honrara a cada persona presente. En ese momento, Cooper tuvo que tomar una decisión. Podía resistirse al consejo —de forma silenciosa o quejosa, diciendo algo o defendiendo su caso— o podía abrirse a la experiencia y mejorar.

Tengo que felicitar a mi hijo porque eligió el mejor camino. Escuchó el consejo del pastor Fred y actuó en consecuencia. Simplemente lo hizo. Corrigió el rumbo en el momento, y todo su día cambió.

Nuestro grupo dejó la aldea y procedió a la próxima parada, a una hora de distancia de viaje. Después del ajetreo, de cargar todo y despedirse y saludar por la ventanilla a nuestros nuevos amigos hasta que apenas eran partículas en la nube de polvo que dejamos atrás, una nueva quietud se apoderó de nosotros. Estábamos llenos, pero exhaustos.

Vi de reojo a Cooper, quien se había hecho un bollito en la última fila de la furgoneta, para ver que estuviera bien y darle una sonrisa. Y no olvidaré jamás lo que vi: la cabeza de Cooper estaba recostada sobre el hombro del pastor Fred y la cabeza de Fred estaba apoyada sobre la de Cooper. Mi niño y el pastor Fred se habían quedado dormidos enseguida.

Yo quiero esta clase de rendición de cuentas. Hallamos descanso en ello. La verdad dicha en amor es el lugar más seguro donde quedarse, incluso si duele un poco. El hierro se afila con el hierro. No se supone que sea confortable. Pero nos lleva más cerca de Dios y más cerca de quienes Él desea que seamos. Y eso nos hacía sentir como en casa.

SU TURNO: BUSQUEN RENDIRSE CUENTAS

Antes de encontrarte con tus amigas esta semana, pasa algún tiempo reflexionando sobre las siguientes preguntas y escribe tus respuestas en tu diario o toma nota en tu celular:

¿Qué está sucediendo?
¿Por qué estoy preocupada?
¿Qué problemas estoy atravesando?
¿En dónde me siento insegura?
¿Contra qué pecado estoy peleando?
¿Qué estoy aprendiendo?
¿Qué estoy intentando controlar?

Después, al reunirse entre amigas, charlen sobre sus respuestas a estas preguntas. Cuenta algún problema que estés pasando y pídele a tu grupo que te ayude a ver cómo resolverlo. Hagan un plan y tomen tiempo para orar por lo que compartió cada una.

IDEAS PARA PRACTICAR LA RENDICIÓN DE CUENTAS...

- Pide consejo a las personas. Esto abre la puerta para que ellos puedan hablar con sinceridad.
- Recuerda lo que te dicen tus amigas. Ponte recordatorios en tu calendario o en el teléfono para orar.
- Haz un retiro en el que se queden a dormir cinco amigas que sientas cercanas.
- Dale permiso a algunas pocas personas confiables para que te desafíen.
- Júntate con mujeres mayores y pídeles que te muestren cómo manejar cierta situación.
- Busca a alguien aproximadamente quince años mayor que tú y pregúntale: "¿Qué consejo me darías si estuvieras en el tiempo que estoy viviendo?"

¿Qué pasa cuando...

... tengo que hablar sobre el pecado en la vida de una amiga si ella no lo recibe bien?

Soy una gran creyente en pedir permisos en la amistad. Pregunta: "¿Te parece bien que hablemos sinceramente para crecer y madurar? Me encantaría que hablaras sobre mi vida y que yo pudiera hablar sobre la tuya, si estás de acuerdo".

Algunas personas rechazarán la invitación, algunas la anhelarán, y otras simplemente dirán que sí, pero la conversación se pondrá tan tensa que tal vez te arrepientas de la iniciativa. Está bien. Si te dieron permiso, sigue con el plan.

Muchas personas abusan del versículo que dice "a los que pecan, repréndelos en público para que sirva de escarmiento", en cambio, hacen poco uso del que dice "¿por qué te fijas en la astilla que tiene tu hermano en el ojo, y no le das importancia a la viga que está en el tuyo?".[6] Seamos lentas en referirnos al pecado de los demás y rápidas para pedir a los demás que nos muestren los nuestros.

... tengo que determinar si alguien es una voz confiable para mi vida?

Primero, busca gente sana y sé una persona sana. El consejero Jim Cofield una vez me habló sobre las cualidades básicas de un amigo sano.[7] ¿Estás lista para leerlas?

- Soy una persona más receptiva que reactiva.
- Soy más resiliente que rígida.
- Estoy atenta y consciente en vez de estar descuidada y emocionalmente despistada.
- Soy responsable de mi vida.
- No me culpo ni me victimizo.
- Empatizo con las personas.
- Soy fuerte.

- Soy estable.
- Soy realista.
- No tengo expectativas inalcanzables.
- Veo el mundo de una manera hermosa y no me quedo estancada.
- Creo que Dios me cuida y defiende.
- Estoy agradecida y contenta.
- Sé confiar, esperar, humillarme, desear y amar bien.

… quiero saber por cuánto tiempo ser amiga de alguien antes de invitarla a decir cosas sobre mi vida?

En cierta medida, no importa cuánto tiempo hace que conoces a alguien, ya que siempre será arriesgado. Nadie está perfectamente seguro. La confianza se edifica a media que uno comparte su vulnerabilidad en pequeñas dosis. Pero cuando crees conocer a la persona, disfrutas hablar con ella, y quieres hacer el intento de confiar, ¡adelante!

Estoy demasiado exhausta de ser madre, esposa,
empleada y buena amiga.

—KENNEDY

Lo que me impide encontrar y mantener a mi gente
es que me preocupa que saquen de mis prioridades
a mi familia y ministerio.

—STELA H.

Nadie está disponible cuando lo necesito.

—TERI

No sé cómo ir más allá de la mínima
charla para "conocernos".

—EMILY

Para ser franca, es más fácil vivir por mi cuenta.

—ASHLEY

La gente no tiene tiempo para mí.

—JOY

8

PROFUNDA

¿Qué te mantiene ocupada estos días? ¿En qué andas hoy, o esta semana?

Hablo en serio. ¿En qué actividades estás involucrada? No me refiero a lo que estás pensando hacer, o de lo que estás pensando ser parte, sino más bien lo que estás haciendo realmente. ¿Qué responsabilidades estás sacando adelante esta semana, en esta etapa de tu vida? ¿Qué roles estás jugando? ¿Qué se espera de ti? ¿En dónde estás invirtiendo tu tiempo y tu corazón?

Más importante aún, al pensar en los lugares a los que asistes en una semana normal, ¿a quién ves junto a ti? Échale un vistazo de nuevo al cuadro que creamos en el capítulo 6.

Durante la pandemia, una amiga se lamentaba por la soledad que sentía durante esos interminables confinamientos y restricciones. Yo entendí totalmente su frustración, pero también sabía que había áreas de la vida vigentes para ella, aunque a una escala reducida o modificada.

"¿Qué estás haciendo? Toma la semana pasada como ejemplo. ¿Qué cosas pudiste hacer?", le pregunté.

Sus hijos en edad escolar todavía iban a clases y las sesiones de danza de su hija continuaban. Las seis personas de su club de lectura se seguían reuniendo al aire libre. Hacía las compras casi todos los días. Había estado en incontables reuniones Zoom, porque ella y sus colegas trabajaron desde sus hogares. Había pasado una tarde entera sirviendo en una ONG de la que forma parte, armando cajas festivas para entregarle a hombres y mujeres que pasarían las fiestas de Acción de Gracias y Navidad en la prisión al sur de la ciudad.

"Sé que no has podido hacer todo lo que deseabas, pero tus últimos siete días suenan bastante asombrosos", le dije. "Estuviste con un montón de personas. ¿Por qué no iniciar una amistad con ellas?"

Los compromisos de mi amiga en esa etapa de su vida, las actividades que requieren su presencia y su dedicación, incluían una variedad interesante: reuniones de trabajo, clases de danza de la hija, trámites, voluntariado, club de lectura, y otras. Incluso con todos esos encuentros con otras personas haciendo lo mismo que ella —cumpliendo una tarea significativa, manteniendo una casa, leyendo buenos libros, y mucho más— mi amiga se sentía sola. ¿Por qué? Porque sus amigas más cercanas no estaban involucradas en ninguno de esos aspectos de su vida. Es como si su gente y sus prioridades existieran en dos mundos totalmente separados.

¿POR QUÉ NOS SENTIMOS FRACTURADOS Y DESCONECTADOS?

Puede ser difícil de imaginar, pero hubo un tiempo en la historia en que la vida laboral de una persona existía única y completamente en el contexto de la comunidad que llamaban hogar. La bien llamada "Media Luna Fértil", una zona que incluye escenarios como Siria, Irak, Jordania e Israel es considerada la zona en que se desarrolló oficialmente la agricultura por primera vez. Ellos aprendieron a forjar herramientas. Aprendieron a domesticar plantas y animales. Aprendieron a construir casas más permanentes. Aprendieron a crear algo de estabilidad.[1]

Y tan importante era lo que hacían como con quiénes lo estaban haciendo: las otras personas que también vivían ahí. Estas comunidades trabajaban juntas, pero también comían juntas y se relajaban al final del día. Criaban a los niños, resolvían los problemas y vivían a vista de todos.

Pero durante la Revolución Industrial, la gente escogió tener mejores trabajos que vivir en su comunidad con la *gente* que amaban. Comenzaron a trabajar en fábricas en las ciudades, lo que implicaba largas horas de viaje que reducían el tiempo con la familia y amigos. En vez de trabajar juntos la granja con la familia, los jóvenes se marcharon hacia las ciudades. La situación cambió porque la luz del sol ya no era la que establecía el ritmo de trabajo, sino que la gente laboraba doce horas al día, o más.

Durante del sigo XIX, a medida que las ciudades se hicieron más populosas y tener una vivienda fue cada vez más difícil, la gente optó por mudarse a las afueras y muchas personas pasaban horas adicionales conduciendo hasta la casa en los suburbios en la hora de tráfico, después de una intensa jornada laboral. También pasaban menos tiempo en casa o con sus vecinos. Muy pronto, ambos lugares carecieron de comunidad y conexión, de algo más que una interacción superficial.

No es de extrañarse que surgiera el sentimiento de soledad.

De ahí en más, la suburbanización de todo el mundo occidental corrió como una ola sobre la sociedad, conspirando, subdividiendo y separando cada vez más familia de familia, persona de persona, alma de alma, vida de vida. Agreguemos a esa tendencia el relativamente reciente surgimiento de las redes sociales, que eleva la "conexión" virtual a un nivel más alto que la conexión en la vida real; en medio de esta situación es muy fácil ver por qué tantas personas se sienten solas.

Nuestra vida laboral tiene muy poco que ver con nuestra vida en el hogar.

Nuestra vida en el hogar tiene muy poco que ver con nuestra vida social.

Nuestra vida social tiene muy poco que ver con nuestra vida espiritual (si es que aún nos queda algo de "vida espiritual").

Es como si estuviéramos tratando de vivir simultáneamente en tres realidades separadas. No debería sorprendernos que estemos exhaustas y fragmentadas. Estamos corriendo en quince direcciones diferentes día a día, chocando contra cientos de personas, incluso cuando nos sentimos completamente solas. Además, pasamos nuestro tiempo libre deslizándonos por Instagram, donde todos lucen perfectamente conectados y felices, o nos enfocamos en ver las noticias, donde levantamos una tanda fresca de problemas que supuestamente deben interesarnos para republicarlos en nuestras redes sociales, y planear una estrategia para resolverlos.

Todo intento de hacernos tiempo para amar a los demás y conectarnos con ellos solo le agrega más presión y trabajo a la carga que ya llevamos, de modo que terminamos aislándonos un poco más.

Este caos es demasiado para nuestra pobre mente.

¿Pero qué sucedería si te dieras permiso para simplificar? ¿Qué si en tu agenda ya hubiera un equipo que está dispuesto a correr contigo, gente que está lista para hacer algo más profundo que un club de amigos, individuos que podrían ser tus compañeros en tu temporada de sangre, sudor y lágrimas?

UNA VISIÓN MAYOR DE LAS RELACIONES

Quiero hacerte una pregunta.

¿A quién podrías incluir en las misiones que ya estás alcanzando?

¿A la misión de quién te podrías unir?

¿Con quién ya estás compartiendo una misión que podría convertirse en una amistad más profunda?

A lo largo de la mayor parte de la historia —y todavía hoy, en dos tercios de los países del mundo— las personas vivieron en el contexto de una comunidad fuertemente enlazada, ya sea una aldea, un grupo social o una tribu. Y esos grupos se unificaron históricamente en torno a un propósito común. Cada persona tiene un rol que cumplir. Algunos roles son de acción: las personas que cazan, los que cosechan, los que cocinan, los que sirven. Otros son basados en el liderazgo: hay jefes, pioneros de la música, los que se ocupan de la crianza, y los escribas, por ejemplo. Algunos son mejores que otros para identificar problemas. Algunos lo son para resolverlos. Algunos aldeanos son divertidos. Otros son compasivos. Algunos son artistas. Algunos son sabios. Pero ningún rol es más importante que el otro. Se necesita de cada uno para lograr la obra completa.

Este tipo de sistemas seguramente te suena familiar, porque está escrito en la fibra de tu diseño como ser humano. Mucho antes que la humanidad dominara la Media Luna Fértil, Dios estableció una comunidad con una misión común, como recordarás. A Adán y Eva les dijo: "Sean fructíferos y multiplíquense; llenen la tierra y sométanla; dominen a los peces del mar y a las aves del cielo, y a todos los reptiles que se arrastran por el suelo".[2] A los discípulos, Jesús les dijo cuando estaba ascendiendo al cielo: "Vayan y hagan discípulos". Para la iglesia local, el plan de Dios fue una vez más expresado por el apóstol Pablo: "Pues, así como cada uno de nosotros tiene un solo cuerpo con muchos miembros, y no todos estos miembros desempeñan la misma función, también nosotros, siendo muchos, formamos un solo cuerpo en Cristo, y cada miembro está unido a todos los demás".[3]

Dios le entrega a la gente que lo sigue un propósito en común, porque todos fuimos creados para eso.

¿Quieres saber cuál es uno de los mayores problemas que enfrentamos cuando se trata de la amistad? Nos equivocamos al pensar que la amistad se trata de nosotros.

Pero la clase de relación más satisfactoria y unida surge cuando la amistad y la comunidad están centradas en una misión superior. Y adivina qué. Si eres una seguidora de Jesús, entonces:

1. Tienes una misión, sin importar tu trabajo, vecindario, pasatiempo, club o escuela: compartir el amor de Dios.
2. Tienes una aldea, un equipo, para alcanzar esa misión junto a ti: tu iglesia local.

Como miembros del cuerpo de Cristo, debemos amarnos unos a otros y a Dios, tanto que otras personas deseen esta clase de amor y sigan a Jesús.

Leemos en el evangelio de Lucas que Jesús envió a setenta y dos discípulos en pares, con la única asignación de amar a la gente, comer con la gente y estar con la gente. Luego ellos iban a traer el reporte de cada aldea, para ver si era un buen lugar para ir a predicar. Nunca envió a las personas solas, siempre comenzó el ministerio compartiendo la comida y pasando tiempo en sus hogares, *en relación*.

Mencioné antes que soy privilegiada al liderar una organización sin ánimos de lucro llamada IF: Gathering. Construimos herramientas y experiencias para ayudar a las mujeres a conectarse con Dios. Sentimos que nuestro equipo de trabajo es como los miembros de nuestra familia, y eso se ve en los largos hilos de conversaciones que mantenemos todos los días, donde una publica fotos de su nuevo bebé, otra pide oración por un plazo que tiene que cumplir. Vivimos juntas en conexión profunda. Hablamos sobre nuestros pecados. Compartimos la comida, incluso cuando las reuniones no tienen nada que ver con el trabajo. Mis hijos consideran que muchas de mis compañeras de muchos años en IF: Gathering son como sus tías y amigas.

Vivimos la vida juntas.

Siempre le digo a mi equipo que la forma en que amamos a Dios y nos amamos entre nosotras es el trabajo más importante que hacemos en la oficina. Algo sobre esto es ajeno a nuestro concepto de trabajo en los Estados Unidos. Pero estamos unidas en una misión común y un llamado que define nuestra relación más profundamente que ningún título, salario y organigrama. Vamos a Dios juntas, y ayudamos a otras personas a hacer lo mismo. Es un trabajo sagrado, y una misión que nos une más allá de compartir una oficina y realizar una tarea.

Una de mis compañeras con más años en el equipo es Chloe Hamaker. Chloe y yo comenzamos a trabajar juntas hace mucho más de siete años, cuando yo estaba comenzando el trabajo comunitario de mi ministerio. Finalmente terminó tomando las riendas como directora ejecutiva.

Hace dos años, yo estaba en la fiesta de cumpleaños de mi hermana Brooke, que tiene un rancho en Colorado y vive íntimamente conectada con un montón de sus compañeras de trabajo. En la fiesta había mujeres increíbles de varias edades, quienes invierten tiempo y energía en mi hermana y a quienes ella considera sus amigas. Técnicamente ellas "trabajan para" Brooke, pero yo las vi interactuar y me di cuenta de que mi hermana no trazaba una línea divisoria entre el trabajo y la vida. Eran sus amigas y cada día estaban juntas en una misión.

Más tarde, esa misma noche, pasadas las once, tomé mi teléfono para llamar a Chloe.

Ella me respondió, sorprendida por la llamada.

"Necesito decirte algo", solté sin pensarlo. "Tú eres una de mis mejores amigas. Sé que eso suena raro, porque hemos sido amigas por más de siete años y no sé si eso cruza alguna barrera trabajo/amistad, pero al trabajar juntas todos estos años, realmente te has convertido en una de mis mejores amigas".

Chloe se rio y dijo: "Está bien, lo sé".

Aunque ella es diez años menor que yo y se encuentra en una etapa diferente de la vida, a pesar de que se reporta ante mí en un organigrama, se habituó hace mucho a esta idea de que somos hermanas-amigas. Vamos a los cumpleaños de la otra y hablamos tanto por teléfono que Siri me puso como su contacto de emergencia. No te preocupes; Zac es el otro. Pero tener una misión compartida y vivir juntas la vida, realmente hace que dos personas sean amigas *más unidas*.

HAGAN ALGO JUNTAS

C.S. Lewis dijo: "La amistad tiene que construirse sobre algo, aunque sólo sea una afición por el dominó, o por las ratas blancas. Los que no tienen nada no pueden compartir nada. Los que no van a ninguna parte no pueden tener compañeros de ruta".[4]

Sea que vayas a la escuela o manejes un hogar o una empresa, el trabajo fue hecho para darte un sentido de realización y promover el desarrollo de los que amamos y conocemos. Pero nos quejamos del trabajo que Dios nos dio y de las personas que Dios nos puso al lado en ese trabajo. Peor aún, el trabajo ha sido definido como una búsqueda infructuosa de dinero más que como una búsqueda de crecimiento humano. ¡Y esta *no es* la cuestión!

Mi pastor preferido de los que hacen podcasts, Tim Keller, lo expresó de este modo:

[El trabajo] es la reorganización de la materia prima de la creación de Dios que ayuda al mundo en general, y a la gente en particular, a desarrollarse y florecer.

Este patrón se halla en todo tipo de trabajo: la agricultura toma el material físico del suelo y las semillas y produce alimento, la música toma la física del sonido y la reordena en algo hermoso y apasionante que le aporta sentido a la vida. Cuando tomamos un tejido y lo transformamos en una prenda de vestir, cuando sostenemos una escoba y limpiamos una habitación, cuando usamos la tecnología para aprovechar las fuerzas de la electricidad, cuando nos interesamos por una mente humana ingenua e inmadura y le instruimos sobre un asunto, cuando tomamos materiales simples y los convertimos en una obra conmovedora de arte, a una pareja para enseñarles cómo resolver sus conflictos relacionales… en todos esos momentos continuamos el trabajo de Dios al ordenar, llenar y someter. Siempre ordenamos el caos, siempre que aprovechamos el potencial creativo, siempre que preparamos y "desarrollamos" la creación más allá de donde estaba cuando la encontramos, estamos siguiendo el patrón de desarrollo creativo cultural de Dios.[5]

De modo que comenzamos con la misión de traer desarrollo y luego buscamos colaboradores con quienes edificarla. ¡Nada más divertido que eso!

Tal vez nuestros días estén llenos de niños en edad escolar o clases de la universidad o de listas de tareas de la asociación de padres. Está bien. Pero ¿qué pasaría si esos lugares se convirtieran en campos misioneros y las personas en ellos se volvieran compañeros de tareas? ¿Quieres ser parte de algo emocionante y significativo? ¿Estás cansada de vivir en tu burbuja de realización personal y de suplir tus pequeñas necesidades? ¿Cómo sería si cada día al levantarte tuvieras una misión y un equipo de gente a tu lado?

Puedes hacerlo. Esto verdaderamente es tan simple como un cambio de perspectiva.

Mi amigo Pete me contó sobre su suegro que enfermó y tuvo que ir a vivir a un geriátrico. Este anciano, un hombre de Dios, se sentía frustrado por no poder servir más a las personas como lo había hecho durante décadas. Pero en vez de tirar todo por la borda, decidió que, si debía estar en un geriátrico, incapaz de ir donde quisiera, al menos ese lugar se convertiría en su campo misionero ¡y el grupo de enfermeras sería su equipo de trabajo!

"Nos hizo hacer un cartel para colgar en la puerta", contó Pete. El cartel decía:

La casa del perdón

Marvin W. Burnham

Cada día, desde el momento en que llegó a ese lugar hasta el momento en que partió, alguien tocaba esa puerta, entraba, se sentaba en la silla para invitados que estaba al lado de su cama y le confesaba sus desilusiones en la vida, los pecados que habían cometido en contra suyo y los que ellos mismos habían cometido. En respuesta, el Dr. Burnham sostenía su mano, inclinaba su cabeza en señal de comprensión, y pronunciaba palabras que les sanaban el alma. "Si lo aceptas, Jesús quiere perdonarte. Y cuando hayas sido perdonado, también podrás perdonar a otros", les decía.

El funeral del Sr. Burnham fue una enorme fiesta, una celebración de las sutiles maneras en que el personal de salud le ayudó a poner en marcha su pequeño operativo de restauración y también una celebración de las vidas que cambió.

Todo lugar puede convertirse en un lugar donde llevar a cabo la misión, y toda persona puede convertirse en un compañero de equipo.

No te acomodes al fondo de tu casa a tratar de hacer amigos. Ve y haz algo. Da clases en la escuela dominical, ofrécete como voluntario en el campamento de niños, únete a un equipo de fútbol. ¿En qué te puedes comprometer por seis meses? Eso. Ve y hazlo, y encuentra alguien que lo haga contigo. O elige ver las amistades potenciales que tienes frente a tus narices en las actividades que están realizando.

Los amigos no caen del cielo. Los amigos *se hacen*.

NOS UNIMOS PARA DAR AMOR

Vale la pena repetirlo: si eres una seguidora de Jesús, verdaderamente tienes un propósito importante relacionado con cada parte aparentemente mundana de tu vida. Hay un valor, un peso de gloria específico en cada ser humano que vemos por la calle, en la plaza, en el comercio, en nuestro edificio de apartamentos.

C.S. Lewis lo dijo de este modo: "No existe la gente ordinaria". "Nunca has hablado con un *simple mortal*. Las naciones, las culturas, el arte, las civilizaciones... son cosas mortales y su vida es, para nosotros, como la vida de un insecto. En cambio, bromeamos con inmortales, trabajamos con inmortales, nos casamos con inmortales, despreciamos a inmortales y explotamos a inmortales, horrores inmortales o esplendores eternos".[6]

Llevemos este propósito especial a cada interacción que tenemos, y cada ser humano lleva consigo el peso de la gloria. Cuando comprendemos esta idea, amamos de manera diferente. Vemos nuestro trabajo cotidiano y nuestros encuentros de otra forma.

Un amigo que es pastor en una iglesia *undeground* me dijo: "Tenemos un dicho en el Medio Oriente: "no conoces a alguien hasta que te has ido de viaje con él y has comido con él." Es muy cierto. La camaradería. No ves eso en Occidente. Cuando, por ejemplo, el coronavirus golpeó el Medio Oriente, los directores de la iglesia nos juntamos a vivir en una casa. Los veinte, con nuestros hijos. Realmente te unes cuando eso sucede".

Continuó diciendo: "El verdadero discipulado no sucede allá afuera; se da en el hogar. El verdadero discipulado no es algo que haces una vez a la semana, sino todos los días porque ahí es cuando llegas a conocer a la gente. Es cuando estás con ellos en los buenos y malos tiempos. Cuando están enfermos y cuando tienen salud. Así se edifica la verdadera familia. La sangre de Cristo nos hace familia, pero necesitamos experimentarla juntos, cada día".

En la misión, juntos. Haciendo discípulos en los momentos comunes y corrientes, cotidianos.

Dios puso dentro de cada uno de nosotros el deseo de algo más que nuestro éxito individual. Vamos a estar juntos en el cielo por la eternidad con la gente que amamos, así que nuestro objetivo en conectarnos no es solo la satisfacción personal, sino ver a la gente salva antes de que Jesús regrese.

Si quieres buenos amigos, entonces corran una carrera juntos, construyan juntos una casa, cocinen juntos, y hagan todo eso mientras trabajan juntos en la mayor misión que un ser humano pueda tener: compartir a Dios.

No es bueno que nadie esté solo, ni tampoco es bueno para el hombre —o la mujer— estar ociosos. En el principio y antes de la caída, Dios nos dio uno al otro y luego nos dio la vida real, la vida en la que pones tus manos en el barro.

Estoy a punto de meterme en tu vida (Es Dios quien está a punto de meterse, más bien). Esto es lo que el apóstol Pablo dice en 2 Tesalonicenses: "Porque oímos que algunos de entre vosotros andan desordenadamente, no trabajando en nada, sino entremetiéndose en lo ajeno. A los tales mandamos y exhortamos por nuestro Señor Jesucristo, que trabajando sosegadamente, coman su propio pan".[7]

En otras palabras, ¡trabajen!

Le pregunté a ese mismo amigo pastor del Medio Oriente por qué creía que la iglesia en Occidente había perdido el sentido de camaradería y conexión que caracteriza a su comunidad oriental. Él me respondió: "Porque Occidente está lleno de individualismo, conveniencia y comodidad. El discipulado es inconveniente, incómodo y muy desordenado".

Mi amiga Ann lo expresa de este modo: "Quiero morir trabajando junto a personas que amen la tierra debajo de mis uñas". La tierra debajo de las uñas cultivando un jardín que perdurará por siempre. No es una mala manera de vivir.

Volvamos a la manera simple de seguir a Jesús y hacer discípulos. No tiene por qué ser complicado. Solo cuéntale a alguien acerca de tu Dios. Elige la fila que tiene la cajera en vez de la caja automática, mírala a los ojos y dirígele la palabra. Trae de vuelta a tu familia y amigos a tu vida diaria. Y juntos peleen contra esta cultura individualista que nos ha intoxicado haciéndonos pensar que la conveniencia y los logros personales son la felicidad, porque no lo son.

Nuestro tiempo en la tierra es corto.

Nuestra misión es crucial.

Tenemos que volver a edificar el Reino, de manera desordenada, con tierra debajo de las uñas, pero juntos.

SU TURNO: BUSQUEN UNA FORMA DE SERVIR JUNTOS

Primero, una breve evaluación. Una semana tiene ciento sesenta y ocho horas. Hagan un inventario de cómo usan ese tiempo.

Actividad	Tiempo usado
_____	_____ horas
_____	_____ horas
_____	_____ horas
_____	_____ horas
_____	_____ horas
_____	_____ horas
_____	_____ horas
_____	_____ horas

En vista del propósito que te ha dado Dios de amar a los demás hasta la eternidad, ¿qué revela esta lista sobre lo que necesitas?

1. Agregar (¿Tienes un margen importante?)
2. Quitar (¿Estás demasiado ocupada para las personas?)

3. Invitar + Incluir (¿Cómo podrías construir de manera intencional amistades e interacciones con propósito en tu semana?)

Ojalá estés ganando terreno con algunas personas con las que quieres continuar la relación. O tal vez todavía no le veas mucho potencial. De ser así, podrías invitar a nuevas amigas a acompañarte a cierta actividad específica. De cualquier modo, ponte en la situación de relacionarte con nuevas personas y confía en el proceso.

IDEAS PARA IR EN BUSCA DE UNA MISIÓN JUNTOS

- Únanse a algún club. Jardinería, tenis, cartas, maratón, bicicleta, voluntariado, etc.
- Jueguen algún deporte. Inviten a las personas que andan por ahí en la cancha a unirse a ustedes.
- Organiza una noche de cocina para congelar. Corten y preparen la comida juntas y que cada una se lleva a casa algunas porciones para guardar en el freezer.
- Como grupo pequeño, anótense para colaborar por un semestre en el ministerio de niños, trabajar en la sala cuna, enseñar en alguna clase, mentorear a los adolescentes, etc.
- Asistan a una clase de ejercicio divertida. Luchen, ríanse y vean la película Sonic al final de la jornada.
- Planifiquen una cena con las vecinas. Cocinen juntas alguna receta de un libro, que todas preparen y traigan su receta.
- Pinten la habitación de alguien, limpien un clóset, o planten algunas flores.
- Si sueles trabajar sola en casa, lleva tu computadora portátil a una cafetería una mañana e invita a una amiga a trabajar a tu lado.

¿Qué pasa cuando...

... simplemente no tengo tiempo para esto?

Me doy cuenta de que mucha gente se queda mirando alrededor buscando algo más que hacer. Pero dale otra mirada a tu inventario del tiempo. ¿Estás haciendo que lo más importante sean las cosas que te dan sentido de propósito y significado? Asegúrate de estar haciendo lo correcto con tu tiempo. Si verdaderamente estás ocupada, debería haber oportunidades de integración en tu vida para conectarte de manera más profunda con la gente. Solo tienes que verlo de este modo.

... hay que llevar una relación más profunda cuando ya pasamos mucho tiempo juntas?

Tengan una sesión para soñar juntas, tomen algunas de las ideas anteriores y elijan probar algo nuevo. Escojan alguna manera simple de conectarse con una misión en común que incorpore la pasión y dones de ambas.

... soy soltera y todas mis amigas casadas siempre están ocupadas con su esposo o hijos? ¿Cómo hago si siempre están demasiado ocupadas para mí?

Algunas de mis mejores amigas son solteras, y aprecio que ellas sean más flexibles en cuanto a pasar por casa o acompañarme a hacer alguna compra. Comienza con tus amigas que tienen hijos; seguramente estarán agradecidas de tener una conversación adulta. La gente sigue sintiéndose sola y atrapada en la rutina aun cuando tienen cónyuge o familia. Tu amistad sigue siendo necesaria en su vida. También asegúrate de pedirles que sigan invitándote. Diles que te sientes cómodo si te invitan a formar parte de su familia.

Justo cuando comienzo a profundizar una relación con alguien, me retraigo cuando siento un mínimo indicio de tensión o creo que pueden estar molestos conmigo por algo.

—BROOKE

Tengo expectativas de lo que pienso que "mi gente" debería ser, y ellos no están a la altura.

—SANDRA

Para ser franca, preferiría seguir adelante y encontrar una amiga nueva más que seguir en esta relación.

—CARRIE

Soy la única que invierte en esta amistad.

—JENNIFER

Encontrar, mantener y profundizar una amistad es desafiante por las expectativas irreales que tengo de los demás.

—GAYLA

Seguir siendo amigas después de una discusión es muy raro. No sé cómo superarlo.

—ELLA

9

COMPROMETIDA

Si ya estás poniendo en acción todos los principios y prácticas de las relaciones que hemos explorado, seguramente en el futuro cercano, llegarás al punto de querer ayudar a alguien más. Anota mis palabras.

Estaba a la mitad de la escritura de este libro, cuando mi cuñada Ashley me llamó. "¿Puedo pasar a buscarte para ir a algún lado y charlamos?"

Supuse que estaba pasando por algo difícil, por supuesto, le dije que sí.

Ashley vino por mí, y fuimos a un parque; era un día soleado. Sentadas en el auto, me contó que hacía poco yo había dicho algunas cosas que la habían lastimado. Lloró contándome lo difícil que le había resultado decírmelo, pero que consideraba necesario ser franca. No quería empezar a alejarse de mí lentamente; no quería "dejarme", dijo.

Esas palabras trajeron una oleada de temor a mi mente. Mi reacción inmediata fue el pánico. ¿Estaba a punto de perder a una amiga? ¿Una que además era miembro de mi familia?

La vergüenza llegó para quedarse.

¿Qué *había hecho? ¡Todavía seguía lastimando a la gente!*

Aparentemente hiero a las personas sin siquiera darme cuenta, y la mayoría de las veces es gente cercana a mí, a los que más amo.

Ya estaba hasta el cuello escribiendo este libro ¿y todavía no había aprendido nada? Ahí estaba yo, diciéndote a ti que encuentres a tu gente, mientras yo estaba perdiendo a la mía.

Inhalé y exhalé. Escuché. Esperé.

Ashley y yo estábamos frente a una decisión esa hermosa tarde. Podíamos...

> Autoprotegernos.
>> Culparnos.
>>> Retroceder.
>>>> Incluso alejarnos.

O podíamos luchar.

Luchar una por la otra, luchar para entender y para hablar.

Después de que ella expuso todo el dolor que estaba sintiendo y las razones, me dijo: "Me quedo. Voy a luchar por nosotras".

En los días siguientes a esa conversación, me venía constantemente a la cabeza este pensamiento: "No puedes seguir siendo tú misma con Ashley nunca más, Jennie. De ahora en adelante deberás andar de puntillas".

¿Por qué fue esa mi reacción interna? Al traerme este conflicto, Ashley estaba poniendo a prueba su seguridad. Estaba demostrando su amor. Estaba exponiendo su compromiso conmigo. No estaba enojada, más bien dolida, pero quería restaurarse. No quería que yo me alejara de ella ni que anduviera con pies de plomo en la relación.

El conflicto debería *construir* las relaciones, no *destruirlas*. Eso, si no huimos.

A los pocos días, cuando mis temores se disiparon, Ashley y yo fuimos a cenar. En un momento la miré y le dije: "Te amo tanto. Haberme dicho lo que me dijiste fue un regalo para mí. Lo siento, estuve mal. Lamento mucho haberte lastimado. Nunca quise hacerlo, pero lo hice, y seguramente lo volveré a hacer. Aun así, quiero que te sientas segura conmigo. Enséñame a hacerlo mejor, por favor".

Lo que dijo después fue pura magia. Ashley me dio dos maneras súper fáciles de amarla bien, cosas que se adaptaban perfectamente a sus necesidades y a nuestra relación. Y en ese momento me di cuenta de que no tenía que rendirme, no tenía que caer en la espiral del temor, y no necesitaba protegerme.

Lo que necesitaba era crecer.

LOS CONFLICTOS SON PARTE DE LAS RELACIONES SALUDABLES

El conflicto no es enemigo de las relaciones; en realidad es la comida que las hace crecer. El conflicto es inevitable en la clase de comunión profunda de la que estamos hablando. Y si lo manejamos de manera bíblica, en verdad puede fortalecer y hacer más profundas nuestras relaciones.

No es un secreto que veo este libro en parte como un experimento en el cual tú juegas un rol activo. Sueño con que tú y otras personas tomen estas prácticas milenarias de años de vida en la aldea y las apliquen en sus apartamentos, vecindarios, en sus dormitorios o en sus conjuntos residenciales, en la ciudad.

Te imagino abriendo puertas a nuevos amigos, reuniéndose alrededor de una chimenea, haciendo mejores preguntas, afilándose mutuamente, emprendiendo una misión con quienes amas. ¡Incluso te imagino luchando! Sí. Porque nunca tuve una relación verdaderamente íntima que estuviera libre de conflictos.

Los imagino luchando, apartándose por un momento, y luego regresando a la mesa, regresando a la comunión unos con otros.

Creo que Dios nos está pidiendo a ti y a mí que dejemos entrar a personas en nuestra vida cotidiana, incluso a nuestras batallas, nuestro pecado, nuestras rutinas, nuestro trabajo y nuestros sueños.

"Anímense y edifíquense unos a otros…"

"Ayúdense unos a otros a llevar sus cargas…"

"Anímense unos a otros…"

"Exhórtense los unos a los otros…"

"Confiésense unos a otros sus pecados…"

"Perdónense unos a otros…"[1]

La Biblia está llena de este tipo de instrucciones sobre cómo hemos de interactuar. Si Dios nos está mandando a perdonar cada día, entonces eso significa que tú y yo estamos viviendo en una proximidad tan íntima que yo en realidad te puedo alcanzar y lastimar. Cuando dice que tenemos que sobrellevar las cargas unos de otros, significa que yo estoy tan cerca de ti que me puedo poner debajo de esa carga junto contigo y aliviarte un poco del peso. ¿Cómo puedo confesar mi pecado o exhortarte a menos que te pueda mirar a los ojos y decírtelo? Tú y yo tenemos que estar *cerca* si hemos de cumplir esos mandamientos de "uno al otro".

Debemos convertirnos en gente cercana.

Debemos convertirnos en gente que se compromete.

Debemos convertirnos en gente que elige quedarse y permanecer.

EL CONFLICTO EN EL CONTEXTO REAL

Mi mayor problema con la comunidad es que a menudo lastimo a alguien o esa persona me lastima. La historia se repite. Me refiero a que casi todas las semanas me toca resolver algún conflicto en mi vida. Esa es solo una parte de la comunidad saludable. El sufrimiento es parte de la salud; suena raro, pero es verdad.

Hace poco estaba hablando con mi cuñado, Tony, que administra el rancho para turistas junto con mi hermana. Al explicarle la premisa de este libro, cómo necesitamos volver a la vida en las aldeas tal como lo hicieron otras generaciones, movió su cabeza y sonrió como diciendo: "Yo vivo en una de esas, y también puede resultar problemático".

Las palabras reales que salieron de su boca fueron: "Jennie, la vida en la aldea suena grandioso, hasta que te das cuentas de que estás rodeado de un montón de caníbales".

Lo que es cierto del rancho es que tiene la reputación de formar líderes. Contrata chicos y muchachas que eventualmente salen al mundo como líderes humildes, hombres y mujeres con títulos universitarios que han limpiado baños, gente sana que sabe trabajar duro y amar fuerte. Sesenta y pico de personas varadas en medio de la nada puede parecer un gran embrollo, pero todo ese entrenamiento está en realidad fortaleciendo el carácter.

Esto ocurre porque Brooke y Tony han establecido algunas reglas para las relaciones entre el personal de su rancho. Cosas como decir lo que piensan y pensar lo que dicen. Mantener cuentas cortas con las personas en vez de dejar que las irritaciones y heridas se infecten y resulten en una guerra sin cuartel. Hablar en voz alta sobre los demás en vez de murmurar medias verdades. "Cada vez que una nueva tanda del personal se integra, los hacemos abordar y resolver los conflictos dentro de la primera semana, sin excepciones. Vivimos muy cerca y muy juntos, de manera que debemos tener muchas conversaciones difíciles", me dijo una vez Brooke.

Me causó gracia el comentario de Tony sobre los caníbales, pero él no tenía la intención de hacerse el gracioso: estaba siendo completamente sincero y yo lo entendí. Las interacciones en el rancho dan fe de una verdad fundamental sobre la naturaleza humana: cuanto más cerca estamos de otras personas, más posibilidades tienen nuestros bordes filosos de rasparlos. Tony conoce el costo de vivir con transparencia y rindiendo cuentas. Él sabe el dolor que ha sentido y el que han sentido las personas que él ha pastoreado en su pequeña aldea. Pero esa pequeña aldea está transformando vidas, no a pesar del conflicto y las heridas sino por causa de ellos.

Pero conocer el fruto que proviene del conflicto saludable no evita el dolor que causa.

Para muchos de nosotros, la tristeza que hemos sufrido cuando nos abrimos a tener una comunidad genuina es tan cruda, profunda y real, que nos negamos a intentarlo de nuevo.

Por eso es que necesitamos relaciones que tengan a Dios como centro, y estar unidos en una misión compartida. Sin la complacencia, el orgullo, la realización personal como centro de nuestras relaciones, vivimos libres para luchar, somos humildes para disculparnos y nos sentimos seguros para encontrar una solución. Las personas pueden decepcionarnos, y nosotros podemos herirlas, pero cuando buscamos en Dios nuestra esperanza, identidad y propósito, podemos perdonar.

Gracias a Jesús, es posible vivir de esta manera.

Imagina la escena de la última cena. Jesús sabía que lo que iba a suceder hasta su crucifixión ya estaba en marcha. Pronto sería traicionado y herido por casi cada uno de sus amigos más cercanos. Pero en medio del dolor y el rechazo que debe haber sentido, mientras estaba sentado a la mesa, sacó el pan y lo partió para que sus amigos comieran y sirvió vino para que sus amigos bebieran.

"Mientras comían, Jesús tomó pan y lo bendijo. Luego lo partió y se lo dio a sus discípulos, diciéndoles: "Tomen y coman; esto es mi cuerpo". Después tomó la copa, dio gracias, y se la ofreció diciéndoles: "Beban de ella todos ustedes. Esto es mi sangre del pacto, que es derramada por muchos para el perdón de pecados"".[2]

La última mesa de la reconciliación estaba servida, construida sobre el cuerpo partido y la sangre derramada de nuestro Salvador.

Por eso es que podemos perdonar.

Por eso es que podemos sentarnos juntos a la mesa con otros pecadores. Podemos, porque Él lo hizo. Podemos, porque Él abrió un camino para que fuéramos rectos ante Él y uno con el otro.

VEN A LA MESA

A lo largo de la historia y en todas las culturas, sentarse a una mesa y comer el pan juntos siempre ha representado reconciliación y sanación.

En todos mis viajes y conversaciones sobre el tema de la comunidad, esto surge una y otra vez. Desde Italia hasta África, hay comida. Alimentos. Mesas. La gente, consistente y regularmente, se reúne en torno a la comida.

Cuando visitamos el pequeño pueblo de mi familia en Italia, el sobrino de mi tío, Luciano Fornaciari, estaba esperándonos en el centro del pequeño pueblo de Sutri. Llevaba una enorme bandera norteamericana que sostenía con una hermosa y amplia sonrisa. Nos abrazó fuertemente, aunque no nos conocía. Éramos familia, y estábamos a punto de descubrir lo que significaba eso en las aldeas italianas.

El primo Luciano nos llevó rápidamente por las tranquilas calles empedradas hasta el restaurante de su hermana, repleto de parejas, amigos, niños y ancianos, todos almorzando juntos. Nos guio hasta la parte trasera, a una mesa en la que había al menos veinticinco personas, todos familiares suyos. De repente mi familia estaba siendo bombardeaba con saludos italianos y abrazos sofocantes. Podíamos no estar emparentados por sangre de manera directa, pero éramos su familia.

Nos sentamos a comer con los abuelos, parientes políticos, niños de todas las edades y nos sentimos como la realeza.

Seis platos principales.

Mucha risa.

Bastante tiempo.

Un montón de gente hablando entre sí.

Mucho amor.

Bastantes... peleas.

¿Mencioné las peleas?

Yo no entendía su idioma, pero reconocí el enojo y la frustración. Sabíamos lo que estaba pasando porque sacudían los puños. El primo de mi tío era el único que hablaba inglés, y me contó un poco de lo que estaba pasando. Después agregó: "No se preocupen. Así son las cosas aquí".

Por generaciones los miembros de su familia todos han vivido a pocas cuadras, en el mismo pueblito donde nacieron. Probablemente regresarán a la misma mesa mañana.

El conflicto es seguro cuando sabes que no se van a abandonar el uno al otro.

Pero debemos estar de acuerdo en no abandonar la relación.

Ahora bien, escúchame. A veces las relaciones pueden necesitar llegar a su fin. Tal vez sea tan tóxica que necesites separarte o poner límites más estrictos. O quizás intentaste reconciliarte y ponerte de acuerdo muchas veces, pero la amistad continúa en desacuerdo y discordia. Has trabajado mucho para resolverlo, pero no mejora.

El apóstol Pablo pasó por esto mismo con varias relaciones. Pablo y Pedro resolvieron las cosas, pero cada uno se fue por su lado. Pablo y Bernabé tomaron caminos separados, y finalmente fue lo mejor para la iglesia.

Pero si te vas, eso significará que comenzarás una vez más a encontrar a tu gente. Y adivina qué. Las nuevas personas también te van a herir. O tú las herirás a ellas. O ambos. Porque todos lo hacemos.

Si te quedas, trabajarás en la relación y ambos se fortalecerán.

¿Cuántas veces evitaste o incluso ignoraste a alguien que podría haber sido una amiga para siempre si no te hubieras marchado?

El conflicto es parte de la vida, y tenemos que arreglárnosla para ver cómo lidiar con él de manera que honre y glorifique a Dios para el resto del mundo.

¿CÓMO LO HACEMOS?

Seamos bien prácticas. ¿Cómo podemos sostener un conflicto saludable?

1. Supón lo mejor

Si vamos a tratar con una ofensa, tiene que ser una ofensa real. Esta es mi regla: no reaccionar demasiado rápido. Muchas heridas son simples malentendidos. Podemos armar una narrativa en nuestra cabeza sobre lo que alguien piensa a partir de algo que dijo o hizo. La otra persona ni siquiera sabe que hizo algo incorrecto, ¡mientras que nosotras ya estamos en modo de guerra! En vez de eso, supón lo mejor y déjalo pasar. Podemos hacerlo porque nuestra esperanza está en el cielo, de donde viene nuestra verdadera ciudadanía. Estamos satisfechos en nuestra relación con Dios y podemos contentarnos con la gente que está siendo gente. Podemos permitirles desilusionarnos y simplemente dejarlo pasar.

2. Mantén cuentas pequeñas

Si no puedes dejarlo pasar, entonces ve con esa persona. Pregúntale cuál fue su intención. Puedes haber entendido mal, entonces dale la oportunidad y el espacio para que te explique. Sin importar lo que sea, no dejes que la amargura crezca. Pablo dice: "Si se enojan, no pequen. No permitan que el enojo les dure hasta la puesta del sol" (Efesios 4:26). En otras palabras, no dejes cuentas abiertas que pueden crecer con las faltas o pecados de la otra persona.

3. Sé pronta para disculparte

Cuando alguien dice que lo lastimaste o le causaste dolor, sé rápida para disculparte y pregúntale cómo puedes reparar el daño. No necesitas decir mucho más. De hecho, cuanto más digas, más parecerá que te estás defendiendo.

Aprendí que sirve de muy poco intentar defenderme, incluso si mis acciones o intenciones eran correctas. No puedo decirte la cantidad de veces que la gente me viene a decir algo que las lastimó, y yo ni siquiera me había dado cuenta de que había pecado. No hubo una intención dañina, ni lo hice a propósito, pero ni siquiera me di cuenta de que había hecho o dicho cosas hirientes. Eso no importa; ellos se sienten heridos, específicamente por mi causa. Asumo la responsabilidad de haberlas lastimado, aun si no tuve la intención de hacerlo.

El rey David nunca defendió su nombre y tampoco permitió que otros lo defendieran. Estaba cómodo siendo malinterpretado o cuando la gente pensaba mal de él, porque sabía que Dios defendería lo que merecía ser defendido. Dios es quien defiende nuestro nombre, lo que significa que podemos vivir sin ofendernos.

4. Proponte ser pacificadora

Si piensas que alguien está molesto contigo, pero esa persona no vino a hablar contigo, ¿qué haces?

Soy una gran creyente en poner las cartas sobre la mesa. No pierdas el tiempo tratando de construir una historia alrededor de lo que alguien puede estar pensando sobre ti. Toma el teléfono o envíale un mensaje de texto y asegúrate de que las dos estén bien.

Al hacerlo, algunas veces me entero de que todo está muy bien, otras veces tengo la posibilidad de resolver un problema antes de que estalle entre nosotras, y algunas otras veces dicen que no hay nada mal, pero claramente hay algo que está creciendo allí dentro. Este es mi lema: "Si es posible, y en cuanto dependa de ustedes, vivan en paz con todos".[3] Yo haré lo que esté a mi alcance, pero no puedo controlar a los demás ni hacer que me digan algo que les está molestando. No puedo obligarlas a que estén bien. Puedo descansar sabiendo que hice todo lo que pude.

ELEGIR LO INCONVENIENTE

El desafío que tenemos por delante es más profundo que simplemente la solución de conflictos. Es elegir priorizar al otro una y otra vez, comprometiéndose de manera consistente todos los santos días. A veces eso significará salir lastimados, y otras veces simplemente nos causará inconveniencias.

A lo largo de la historia muchas personas han permanecido juntas porque de alguna forma no tenían otro remedio. ¿Vives en un pueblo de Italia de cincuenta personas y te peleas con alguien? Sería duro que esa persona fuera el dueño del único almacén de la aldea, donde inevitablemente debes comprar las zanahorias, los fideos y las galletas para tu despensa.

En estos días todos somos expertos en abandonar a los demás, y la mayoría puede imaginar una forma de esconderse.

Mi intención es motivarte para que hagas lo que Pablo nos llamó a hacer, lo que Dios nos está llamando a hacer, transformar nuestra mentalidad de forma sobrenatural, para que esté guardada, provista y llena de Cristo Jesús. Él es nuestro modelo de pensamiento; Él nos enseña a relacionarnos, hablar, reconciliarnos, perdonar y amar. Porque nos ha dado tanta abundancia, podemos dar de esa abundancia. Esa es nuestra historia. Esa es la forma de vivir el Evangelio.

Elegimos pasar por la inconveniencia o incomodidad por los demás.

Si lo piensas, las amistades —todas las relaciones, en realidad— son un gran inconveniente, si estamos haciendo lo correcto. Y la inconveniencia, que elegimos una y otra vez, nos cambia, nos despierta, nos hace reír, amar, esperar y soñar.

Sí, integrar mi vida a la de otra gente es inconveniente, pero elegiré esa clase de problemas una y otra vez por encima de la comodidad y el vacío de intentar seguir mi camino sola.

Para dejar atrás nuestra soledad y disfrutar la recompensa de la comunidad, debemos seguir allí, seguir vulnerables, seguir acercándonos a la mesa. Estar juntas, trabajar juntas y compartir la vida juntas, una y otra vez. Entonces, un día veremos hacia arriba y nos daremos cuenta de que nuestra amistad es más profunda.

LA CIENCIA DE CRONOMETRAR EL TIEMPO
CON LAS PERSONAS

Tener buenas amigas es difícil, primero porque cuesta mucho hacer tiempo en la agenda. Entonces, hazlo una rutina. Ahí ya te quitas una tarea. Agéndalo como yo hice con mis amigas en Austin. Elige el tiempo y el lugar donde se verán.

Segundo, una vez que has encontrado tu gente, rompe todas las reglas de cómo pasan el tiempo juntas:

- Deja tu casa hecha un lío a propósito.
- Invita a alguien a cenar una hora más temprano para que te ayude a preparar la comida, o pídele que se quede un rato más y te ayude a limpiar.
- Deja la ropa lavada sobre el sillón y pídele que te ayude a doblarla.
- Pregúntale si de pasada, puede recoger a tu hijo por la escuela.
- Pídele prestado un ingrediente que olvidaste comprar, en vez de salir corriendo al supermercado.
- Pídele que te acompañe a hacer las compras.
- Pasa por su casa sin anunciarte.
- Llévala a almorzar de sorpresa.
- Pregúntale si te puede prestar ropa para un evento especial en vez de comprarte un vestido nuevo.
- Pídele que te ayude a limpiar tu ropero.

- Ofrécete a ayudarla a pintar alguna habitación.
- Invítala a comer en la cena de otra familia
  (esta última es muy valiente).

Estas sugerencias pueden sacarte de tu zona de confort, pero estoy aquí para decirte que a menos y hasta que tomes en serio el reto de separar tiempo para la gente —tiempo importante, consistente— simplemente no podrás disfrutar del nivel de amistad que anhelas, la clase de relación que te hace sentir conocida y conectada. ¿Y cómo lo sé? Porque algunas personas inteligentes cuantificaron lo que lleva ser una buena "amiga".

Anteriormente mencioné que se necesitan doscientas horas juntas para familiarizarse y ser amigas cercanas. Déjame decirte algo más acerca de la procedencia de este secretito. El psicólogo evolucionista de la Universidad de Oxford, Tobin Dunbar, dice que nuestras esferas relacionales comprenden capas de personas que entran en categorías como ser conocidos, amigos casuales, amigos, buenos amigos, y amigos íntimos. Pero lo notable acerca de su obra es el hecho de que le pone números a esas categorías. Aunque podemos mantener a duras penas ciento cincuenta relaciones significativas al mismo tiempo, él sugirió que solo cincuenta de esas personas serán consideradas "amigas", y nada más que cinco serán "amigas íntimas".

Inspirado en la investigación de Dunbar, el profesor de la Universidad de Kansas, Jeffrey Hall, comenzó a husmear en esas distintas capas relacionales. ¿Cómo pasa una "amistad casual" a ser digamos, un "amigo"? ¿Qué tipo de inversión se necesita hacer para que ocurra esta transición? ¿Cuánto tiempo llevaría? Los resultados del estudio me fascinan. Como se reporta en un artículo de *Psychology Today*: "Se descubrió que llevaba más de cincuenta horas de interacción pasar de conocidos a amigos casuales; alrededor de noventa horas pasar de amigos casuales a amigos, y más de doscientas horas para calificar a la persona como mejor amigo".[4]

Todo esto nos lleva a la pregunta: ¿cuántas horas le has dedicado a la gente que consideras amigos más íntimos? ¿Ese paseo al centro comercial que duró un par de horas? Bueno, eso es un 1 % de dedicación para llegar a una relación íntima. ¿Esa comida en tu jardín que duró toda una tardecita de verano? Has acumulado un 3 % de una amistad profunda. ¿Estar juntas todo el tiempo en ese retiro de mujeres de dos días? Eso es un buen 25 %. Supongo que la razón por la que nos sentimos más cercanos a ciertas personas es porque nos hemos esforzado por pasar tiempo juntas.

¿Alguna sugerencia sobre dónde encontrar ese tiempo cuando están demasiado ocupadas para ser amigas?

Sí. Las comidas. Cuando estás preparando, cocinando, comiendo y lavando.

Me pasa con mi pequeño grupo, mi equipo de trabajo, la familia de Zac, mis hijos y todos sus amigos, que si yo cocino, alguien por lo general viene a ayudarme. Mis hijos aprendieron a preguntarme: "¿hay suficiente para (llena con un número) cantidad de personas?" Y a veces no hay, pero nos las arreglamos.

Debemos convertirnos en gente que se queda. Debemos convertirnos en amigos que llegan antes para ayudar a cocinar o se quedan hasta después para lavar los platos, y no solo para comer. Y tenemos que hacerlo de manera consistente, una y otra vez.

Estoy convencida de que la razón principal de nuestra soledad es que nos damos por vencidos con mucha facilidad. La amistad lleva tiempo: *mucho* tiempo. Mucho esfuerzo. Mucha presencia. Mucho limpiar nuestros armarios juntas. Muchas lágrimas. Mucha risa. Mucha comida. Mucha inconveniencia.

Nos damos por vencidas muy fácilmente porque es costoso. Es problemático. Es difícil.

De veras *es* difícil. Toma un minuto, respira y acepta esa verdad. Está bien.

Ahora escúchame: puedes hacer cosas difíciles.

Dios está contigo y en ti y para ti. Tú, amiga, puedes quedarte. Puedes lastimar a alguien y pedirle perdón. Puedes ser lastimada y perdonar.

Puedes elegir la consistencia y la inconveniencia.

Y la amistad que ganes será valiosa.

SU TURNO: TOMEN NOTA DEL TIEMPO JUNTAS

Comprométanse un día y una hora para invertir de manera consistente con un grupo pequeño de amigas cada semana por los próximos seis meses. Pueden hacerlo así:

1. Elige tu gente.
2. Invítalas a reunirse más regularmente.
3. Escoge la hora, el lugar y sé consistente.
4. Decidan por cuánto tiempo se van a comprometer. Está bien poner una fecha de finalización.
5. Discutan cómo van a manejar el conflicto.

IDEAS PARA ACEPTAR LA INCOMODIDAD EN LA AMISTAD

- ¿Quién en tu grupo de amigas necesita apoyo? Organicen una manera de que cada una haga algo bueno por esa persona.
- Acércate a alguna amiga que haya estado alejada de ti y/o de Dios, alguien que se está aislando. Invítala a comer y pregúntale cómo se encuentra.
- Pídele a tu amiga que oren juntas.
- Deja pasar las ofensas menores y avancen.
- No critiques cuando has sido lastimada.

- Ora por lo que te dolió antes de ir a hablar de eso con tu amiga.
- Sé alguien que diga: "Siento que las cosas no andan muy bien entre nosotras. ¿Hay algo de lo que debiéramos hablar?"
- Después de haberse reconciliado, o si eligieron simplemente dejar pasar la herida, trata a tu amiga con normalidad la próxima vez que la veas.
- Envía un texto informal y alegre sobre algo que puedan hacer juntas.

¿Qué pasa cuando...

... mi cónyuge se queja por el tiempo que paso con otras personas?

Esto es difícil. Dado que la comunidad podría ser una prioridad mayor para ti que para tu esposo, es importante que unifiquen criterios sobre cómo incorporar esto en sus vidas. Los dos lo necesitan. Mi sugerencia es que lean este libro juntos y armen una visión común sobre cómo tener relaciones más profundas.

... casi nunca experimento conflicto en la amistad. ¿Es eso una mala señal?

No necesariamente. Puedes ser una persona tranquila que no se ofende con facilidad. Solo asegúrate de no albergar resentimiento en secreto si es que tienes una personalidad menos combativa. Y también asegúrate de no estar evitando el conflicto con tus relaciones actuales o intentar demasiado agradar a los demás. ¿Estás diciendo las cosas difíciles? ¿Estás siendo sincera con tus sentimientos?

... no puedo determinar cuánto es mucho tiempo? Sé que no debería vivir en una burbuja con mis personas favoritas.

Por esa razón me encanta integrar la idea de misión en las amistades. Con suerte, notamos a las personas a nuestro alrededor que necesitan a Dios o precisan amistades más profundas y constantemente tratamos de integrarlas. Si la misión es una parte de su amistad íntima, no se estancará. Pero las amistades siempre se tornan insanas si no se enfocan en un propósito que da vida.

PARTE TRES

Pelea por tu aldea

10

ENCUENTRA A TU FAMILIA

La semana pasada vinieron a mi casa algunas amigas del trabajo, la mayoría solteras y algunas jóvenes casadas con bebés. En la conversación surgió el tema de la familia, y cada una contó historias, no sobre su familia nuclear sino sobre familias a las que suelen visitar para cenar o con las que vivieron algún momento particular.

Logan habló acerca de la vida con los McFarlins antes de que ella y su esposo reunieran el dinero suficiente como para encontrar su lugar propio. Hannah se refirió a todos los solteros que vivían con sus padres, mientras ella crecía, y cómo extrañaba esas comidas con toda la familia extendida. Otra amiga mencionó a su abuelo, que había vivido con su familia cuando ella y sus hermanas eran pequeñas.

Caroline, nuestra niñera que se convirtió en amiga, sonrió y mirándome me dijo: "Yo soy como tu hija adoptiva, por la cantidad de tiempo que paso contigo y tu familia".

LA CAMBIANTE DEFINICIÓN DE FAMILIA

Es posible que todavía estés dando vueltas y preguntándote cuál es tu aldea. Pero espero que estés aprendiendo a ver que en todas partes hay potencial para amar a un montón de seres humanos y ser amada.

La familia es la prioridad de Dios, y es el mejor lugar para aprender y vivir en comunidad. Pero lo que pensamos como "familia" está lejos de su diseño original. Puedes intentarlo, pero ninguna investigación dará como resultado una mamá, un papá y de dos a cinco niños viviendo solos, aislados de todos los demás, en un pedazo de tierra. Si sales a buscar detalles de cómo solían ser las cosas, lo que encontrarás es muchísima vida comunitaria.

Hace tiempo, cuando la gente moría mucho más joven que ahora, el concepto de familia incluía a todos, desde padres y abuelos, tíos y tías, a medios hermanos, vecinos, sobrinos, empleados y amigos que se sentían como una familia, pero en realidad no lo eran. La idea de una familia que vive por su cuenta no se había inventado, lo que significaba que ser humano era vivir en las aldeas, rodeado de otros humanos, casi todo el tiempo.

Todo cambió desde 1920, después de que un antropólogo social llamado Bronislaw Malinowski acuñara el término "familia nuclear" en referencia a una unidad social que consistía solamente de dos padres y sus dos a cinco hijos. El concepto de familia nuclear revolucionó el mercado porque un grupo de personas, pequeño, aislado y definido sería un excelente objetivo de consumo para todos los productos, desde pañales hasta ollas.

Cuantos menos objetos las personas compartían, más tenían que comprar de manera individual.

Y funcionó bien. Las ventas de tostadoras se fueron hasta las nubes.

Mientras tanto, nuestra comprensión de qué es una familia se contrajo, los solteros se aislaron, las madres jóvenes comenzaron a sentirse solas para criar a sus hijos y los ancianos fueron marginados. Nos escondimos detrás de cercos más altos, solos, con nuestras nuevas tostadoras relucientes.

O al menos la mayoría lo hizo. Algunos, afortunadamente, todavía reconocemos la belleza que radica en el plan original de Dios.

Durante la pandemia, mi amiga Tasha me contó que su tía abuela había contraído COVID. "Tiene setenta y siete años y tiene una cuidadora que viene un par de veces a la semana para ayudarle. Es evidente que una de sus cuidadoras estaba enferma cuando vino a ayudarla la semana pasada y ahora ella está enferma", relató Tasha.

Su tía abuela vive en Carolina del Norte. Después de haber vivido junto con la madre de Tasha por siete años, estaba intentando vivir sola. Pero con un análisis de COVID positivo, las cuidadoras no podían entrar a su casa y Tasha estaba preocupada.

—Su hermana va a venir desde Nueva York a quedarse con ella por al menos un mes. Espero que eso ayude —dijo Tasha.

—La hermana de tu tía abuela, que también debe estar en sus setenta años o en sus ochenta, va a dejar su casa en Nueva York para vivir en Carolina del Norte por un mes entero —le pregunté.

—Así es —me respondió.

Luego me contó que, en la mayoría de las comunidades de personas afromericanas, "cuidamos a los miembros de nuestra familia y los vecinos son como familia", dijo. "Estamos en esto juntos, Jennie: la vida, las pérdidas, victorias, las tristezas, el COVID, todo. Estamos *en esto*, sin importar nada más".

Además de que la hermana se iba a reubicar por algunas semanas para cuidar de un ser querido, Tasha me contó que los miembros de la familia que viven en la ciudad ya habían organizado un pedido de alimentos, para asegurarse de que a esta mujer no le faltara una sola comida. Tasha había comprado en Amazon todos los alimentos no perecederos que se le ocurrieron para su tía abuela enferma.

Eso me conmovió, un sacrificio y honestidad así son hermosos, y se lo dije. Entonces ella me recordó que la vida colectiva es justamente "como son las cosas" en las comunidades como la suya. "Los afroamericanos viven de manera intergeneracional", explicó, "y harán lo que sea para cuidarse uno al otro".

"Cuidarse uno al otro".

¿No es acaso lo que todos anhelamos?

Aun así, algo en nosotras se resiste al pensamiento de apoyarnos en los demás y de que los otros se apoyen en nosotros.

Cuando un amigo se casó hace unos años, su nueva esposa, una norteamericana blanca, inicialmente apreciaba el respaldo de la cultura asiática de su esposo: la forma en que las familias son tan unidas, la manera en que los niños crecen al cuidado de sus ancianos y todo eso. Luego, él dejó deslizar la idea de que su madre, que era viuda, viviera con ellos y... digamos que fue difícil apreciar en la práctica la cultura que parecía tan interesante en teoría.

Muchos fallamos miserablemente cuando se trata de cuidarnos unos a otros, y si bien este no es un libro sobre cuidar a los padres que envejecen, es uno sobre las cosas más convincentes que observé en diferentes pueblos dentro de nuestra cultura y alrededor del mundo. Ellos cuidan a su familia. De hecho, se quedan juntos toda la vida.

EL PLAN ORIGINAL PARA LA FAMILIA

Te dije que creo con todo mi corazón que la primera y mejor comunidad que Dios creó fue la familia. Durante la creación, al sexto día Él formó su obra maestra: los seres humanos. Adán. Eva. Un hombre y su esposa, que podían procrear y tener hijos. Una familia, hecha a la imagen de Dios.

Desde el mismísimo comienzo, Dios determinó que no era bueno para una persona estar sola, vivir sola, existir por separado de otras personas, por eso propuso la solución: una comunidad ya preparada, para ti y para mí. Desde ese momento, cada vez que la vida resultara dura, temible o frustrante, tendríamos personas que nos visitaran, alguien en quien apoyarnos, un hombre sobre el cual recostar nuestro rostro empapado en lágrimas. Un amigo o amiga.

Nuestra familia estaría disponible para nosotros, y nosotros para ellos. Esto no sería un simple acuerdo, sino un compromiso, un pacto.

Nos mantendríamos unidos en todo tiempo, viendo, conociendo, amando, sirviendo.

Practicaríamos el arte de relacionarnos dentro de las cuatro paredes de nuestro hogar para que, cuando saliéramos al mundo, supiéramos cómo amar bien a los demás.

Sabríamos cómo hacer buenas preguntas, porque aprendimos a hacerlas en casa.

Demostraríamos empatía con la gente herida, porque practicamos las comunicaciones empáticas en casa.

Sabríamos cómo vivir sin ofendernos, porque en nuestro hogar nos ejercitamos para soltar el dolor.

Sabríamos extender perdón sincero, porque perdonamos a otros en la familia.

Sabríamos cómo resolver las diferencias y desacuerdos, porque practicamos la resolución eficaz de conflictos en nuestra casa.

Se suponía que la familia iba a ser nuestra primera comunidad, una unión de personas que nos aceptaban y amaban, así que nos enseñaban a aceptar y amar a los demás. Ese era el plan original de Dios, para bendecir a la gente dentro de las familias y *a través de ellas* bendecir al resto del mundo. "Dios ubica a los solitarios en familias", promete el salmista; "pone en libertad a los prisioneros y los llena de alegría".[1]

Siempre me encantó este versículo por la comparación entre los miembros de una familia y los cautivos que son puestos en libertad. La imagen de una familia tiene que ser de total libertad, de cadenas rompiéndose, de alegría. Por esa razón, históricamente no se consideró la gran cosa dejar de lado nuestros deseos y cuidar a los de nuestra familia. Estoy pensando en exhortaciones como la de 1 Timoteo, donde el apóstol Pablo le recuerda a su joven protegido que la familia importa: "Quien no cuida de sus parientes, y especialmente de su familia, no se porta como un cristiano; es más, tal persona es peor que quien nunca ha creído en Dios".[2]

Un lenguaje un tanto severo, ¿no? Tanto que casi se lee como una hipérbole, algo así como: "*Por supuesto* que cuidamos a los miembros de nuestra familia, Timoteo. Me refiero a que es tan obvio que probablemente ni tendría que mencionarlo".

Los "parientes" en los días de Pablo incluirían no solo a los de tu familia inmediata, sino también a los miembros de la familia extendida, incluso los extranjeros que pasaban de camino y necesitaban un lugar donde dormir y comer, o cuidado a corto plazo de alguna otra especie. Algunos historiadores sugieren que esta reunión de gente relacionada entre sí podría haber llegado a sumar hasta cien personas, bastante más que las 2.58 personas que viven en la familia moderna.[3] La *familia* incluía a todas aquellas personas por las que uno era responsable. A los que cuidabas de buena gana. Aquellos con los que te levantarías o caerías.

Compartirías tus alimentos con esas personas.

Harías las tareas del hogar con esas personas.

Criarías a tus hijos con esas personas.

Trabajarías con esas personas.

Soñarías con esas personas.

Intercambiarías historias con esas personas.

Solucionarías desacuerdos con esas personas.

Celebrarías las victorias con esas personas.

Llorarías las desilusiones con esas personas.

Recibirías a los nuevos bebés con esas personas.

Enterrarías a tus seres queridos con esas personas.

Vivirías toda la vida con esas personas. Y lo harías cada día.

SEAMOS HONESTAS: LA FAMILIA ES ALGO DIFÍCIL

Esta unidad construida sobre el plan de Dios para la familia probablemente nos obliga a hacernos una pregunta: *¿Qué pasa si esas personas a las que llamamos familia nos sacan de nuestras casillas todo el tiempo?* O peor, si están completamente ausentes o son abusivos. Lo sé. Conozco historias de atrocidades inimaginables cometidas por miembros de la familia. Escúchame bien: el abuso exige definitivamente que pongamos límites, incluso que nos distanciemos. Por favor busca ayuda si estás en esa posición ahora o si has crecido en dicha situación y no has podido sanar. Nadie debería enfrentar solo ese proceso.

Pero en el caso de la mayoría de nosotras, las familias no son realmente tóxicas. ¡Simplemente nos vuelven locas! O tal vez no nos gustan algunos de nuestros familiares.

Tal vez son críticos sobre la forma en que criamos a nuestros hijos o lo que planeamos hacer después de la universidad.

Tal vez te presionan para que te cases o para que votes del mismo modo que ellos.

Tal vez te manipulan con dinero o corrigen tu gramática o se quejan constantemente de que nunca vas a visitarlos.

O tal vez, como el hermano de mi amigo, vienen a tu casa y se quedan por demasiado tiempo y encima esperan que te hagas cargo de ellos en Navidad.

Si se trata de preferencias, en general buscamos relacionarnos íntimamente con personas que no nos vuelvan locas, que no sean críticas o sean más parecidas a nosotras. Pero con la familia tú no eliges a tu gente. Lo que significa que probablemente no serán fáciles de amar.

Cuando estábamos en el proceso de adoptar a Cooper leímos un montón sobre el apego familiar y lo disruptivo que puede ser para una persona perder las primeras relaciones que se suponía que lo serían todo. Todavía me hace llorar mientras escribo esto, porque si bien la adopción es redentora, fundamentalmente surge de la disrupción más inimaginable: la pérdida de las personas que te trajeron al mundo.

Cuando la unión con las primeras relaciones se rompe de alguna forma y por alguna razón, unirse a otros se hace difícil a todo nivel durante toda la vida. Por esa razón, si pidieras un turno para una terapia, los primeros veinte minutos serán sobre tu relación con tus padres.

La buena noticia es que podemos aprender una mejor forma de relacionarnos, y podemos sanar por completo. Yo lo viví.

Tenía treinta años cuando me senté con mi papá y le dije cómo había pasado toda mi vida sufriendo por las heridas que él, sin darse cuenta, me había provocado. En ese momento yo era una madre joven y todavía no me daba cuenta de lo fácil que es lastimar a tus hijos.

Le escribí a mi papá una carta de seis páginas, tres de gratitud y tres de heridas, y él la leyó en voz alta. Era importante. Yo había hecho el trabajo, incluyendo años de consejería, pero nunca le había hablado sobre las heridas que sus conductas me habían causado.

Ese era el día, pero yo no podía concebir algo bueno como resultado de esa conversación que yo sabía era inevitable. Primero, porque no quería dañarlo. Segundo, porque no podía ver que esto pudiera terminar bien. O mi papá me criticaría, validando mis peores temores, o se encogería de hombros y diría que no tuvo la intención de dañarme con ninguna de sus palabras o acciones. En síntesis, invalidaría las heridas de mi niñez.

Esta es la hermosa verdad acerca de mi padre terrenal: él ama a Jesús, ama a su familia, y ha pasado su vida entera tratando de ser un buen padre y un esposo amoroso. Como su hija, yo tengo mucho por lo que estar agradecida. Aun así, me alejé de mi crianza con un bagaje de dolor y un poco de crisis de identidad. Todos cargamos con "problemas de apego" en la adultez, porque todos tenemos padres pecadores.

Mi padre escuchó cada palabra que le dije ese día y lloró lágrimas de alegría por mi gratitud por las comilonas que organizaba y por trabajar incansablemente para proveernos. Pero después lloró lágrimas amargas cuando le expliqué cuidadosamente que siempre había pensado que no era suficiente para él.

Lloró. Escuchó. Y luego me dijo algo que no podría haber imaginado antes de esa conversación: me habló de su relación con su madre y con su padre. En síntesis, me dijo: "Jennie, yo me equivoqué. Fue mi falta, no la tuya. Y déjame decirte dónde escuché por primera vez el mensaje de que tenía que ser perfecto: fue de la boca de mi mamá y mi papá. Yo escuché el mensaje, lo absorbí y luego te lo pasé a ti".

Amamos a los demás en la misma manera en que fuimos amados. Lo que es igualmente cierto: tendemos a herir a los demás en la misma manera en que fuimos heridos. El ciclo se perpetúa hasta que algo lo interrumpe y alguien dice "basta".

Eso fue lo que mi papá y yo hicimos ese día. Al unísono, dijimos "basta".

ENCUENTRA A TU FAMILIA

Claro que no toda familia puede ser exitosamente sanada. Eso significa que si tienes una relación rota con tus padres u otros miembros de la familia, ¿no tienes esperanza?

En antropología hay un término que da justo en el blanco de lo que veo suceder en la vida de las personas en todo el mundo que anhelan una familia sana, incluso cuando sus familiares parecen estar en una espiral fuera de control. El término *parentesco ficticio* —lo cual creo que es una expresión elaborada para "encuentra a tu gente"— se refiere a lazos sociales fuertes que no se establecen mediante el matrimonio o por vínculos de sangre.[4] Es interesante que algunos investigadores aseguran que la gente más feliz es la que tiene más lazos familiares ficticios: su propia familia era un desastre, así que fueron y formaron una nueva a la que llaman su propia familia.

En Okinawa, esto se lleva a cabo en grupos de apoyo llamados moais, literalmente, "reunirse para un propósito en común".[5] Cuando los niños nacen en esta ciudad, son conectados hasta con otros cinco niños, un grupo de personas que se comprometen con ellos de por vida. Son literalmente su segunda familia, incluso si su primera familia es amorosa. Juegan con ese grupo. Más adelante en su vida, trabajarán con ellos. Más adelante aun, criarán a sus propios hijos y se ayudarán mutuamente cuando el otro se enferme o se prestarán dinero cuando uno atraviese tiempos difíciles y envejezca, lo cual hará por formar parte del grupo.

En la parte central de México, los padres de diferentes familias se unen para criar a sus hijos en una especie de parentesco ficticio llamado *compadrazgo*, literalmente "co-padre".[6]

En Ruanda, como dije, los hombres mayores son como padres para los más jóvenes, como si fueran sus propios hijos.

Podríamos examinar muchísimas culturas, pero el punto es siempre el mismo: en casi todas vemos este fenómeno de unirse para tapar los agujeros que las familias naturales no pueden llenar.

Cuando le pregunté al pastor Charles sobre la generación de niños y niñas que crecieron en Ruanda luego de quedar huérfanos tras el horrible genocidio de mediados de la década de los noventa, él dijo: "Jennie, la solución a esta orfandad es la iglesia. No podemos devolverles a sus padres terrenales, pero a cambio les damos padres espirituales".

UNA FAMILIA TE ESPERA

Una de mis cosas preferidas acerca de Dios es que Él puede suplir tus necesidades como un padre amoroso, cariñoso e íntimo en una forma que ningún padre terrenal puede hacerlo.

Si eres huérfana y anhelas estar "en un ambiente de familia" o tienes una familia saludable, pero todavía te sientes sola, Dios ha formado una hermosa familia para que tú seas parte: la suya. De hecho, en el centro del mensaje del Evangelio se encuentra la idea de que, a pesar de estar separados de Dios por nuestros pecados, en su gran amor, Él tuvo un plan para hacernos regresar.

Él nos invita a formar parte de su familia. Nos adopta desde el momento en que confiamos en Jesús como nuestro Salvador, nos da un lugar con hermanos y hermanas, nos promete ser un Padre amoroso para nosotros y ayudarnos en nuestra aflicción. Él es nuestra familia, y a través de su iglesia, tenemos una familia nueva y más grande aquí en la tierra.

"Y ustedes no recibieron un espíritu que de nuevo los esclavice al miedo, sino el Espíritu que los adopta como hijos y les permite clamar: "¡Abba! ¡Padre!", nos recuerda la Escritura:

"Porque nosotros somos templo del Dios viviente. Como él ha dicho: "Viviré con ellos y caminaré entre ellos. Yo seré su Dios, y ellos serán mi pueblo".[7]

Una de las mayores experiencias de aldea que tuvimos Zac y yo fue en una iglesia imperfecta, en medio de un grupo de pecadores realmente amables. Por esos días, nuestro pequeño grupo en la iglesia se había vuelto como nuestra familia. Tengo hermanos, hermanas, abuelos, primos y bastantes tías locas que se habían convertido en nuestra iglesia de la vida real.

Pero para ti, seguramente "iglesia" provoque otros pensamientos completamente distintos.

Para la mayoría de las personas con las que hablo, la única colección de individuos que remotamente ha causado tanto dolor y trauma como su familia nuclear es la iglesia local. ¿Alguna pista de por qué? Porque está llena de pecadores. ¿Y adivinas qué es lo que hacen los pecadores?

Sip, ¡pecan!

Nos lastimamos unos a otros. Una de las razones por las que la gente se va de la iglesia es porque no se siente como en familia. No es un grupo de personas que se unen para cuidarse mutuamente bajo el estandarte de Jesús. No, en estos días tienes suerte si conoces un alma en tu iglesia. Somos a menudo un grupo de extraños solitarios que pasan uno al lado del otro silenciosamente.

Pero no debería ser así. Como seguidores de Jesús nos necesitamos, y aunque nos resulte difícil sentirlo así, una iglesia es de las mejores formas de encontrar a tu gente.

Yo le digo a mis compañeras cuando vienen a trabajar en IF:- Gathering: "Encuentra una iglesia imperfecta rápido y ponte a trabajar en la guardería". Al trabajar como voluntario de inmediato conoces gente, y aunque no serán perfectas, esas conexiones te ayudarán a recordar que eres parte de algo bueno. Servir también te recuerda, antes de que te resientas demasiado con la iglesia, que eres parte de ella. Tú eres la iglesia. No es una institución, es un grupo de personas, y tú eres una.

La iglesia puede ser nuestra gente.

La iglesia puede ser nuestra pequeña aldea imperfecta.

La iglesia puede ser nuestra familia.

EL ARTE DE QUEDARSE

Si pudiera decirte una sola cosa a ti y a todos los que han comenzado a creer que fueron destinados para estar solos, es esta: ¿Qué pasaría si te estuvieras perdiendo de amistades potencialmente maravillosas y vivificantes que están esperándote en tu familia o cruzando la calle, en una iglesia local?

Las Escrituras están llenas de relaciones florecientes de parentescos ficticios que nos enseñan cómo interactuar. En otras palabras, probablemente haya algunos miembros de otras familias rodeándote, listos para aceptarte, alentarte y amarte, si solo eliges verlos de ese modo, si los dejas entrar en tu vida y te comprometes con ellos.

Es cierto. Es difícil y es costoso. Soy miembro de una familia y de una iglesia, sé que puedo ser problemática, y sé que tú puedes serlo. Pero también sé que no hay nada como tener una mesa llena de personas rotas que, como mi familia italiana, se pelean y se ríen, celebran y conversan, critican y luego brindan.

"Los que aman su sueño de una comunidad cristiana más que la comunidad cristiana en sí misma, se convierten en destructores de esa comunidad", escribe Bonhoeffer.[8]

Como punto de partida al comprometernos con nuestra familia de sangre, por adopción o por elección: seamos cuidadosos de la forma en que hablamos sobre nuestra familia.

"Mi iglesia siempre está pidiendo dinero."

"Mi padre siempre fue un idiota."

"Mi familia nunca me comprendió."

"¿Por qué mi iglesia no se ocupa de _____?"

"Ellos nunca me aceptarán."

"Todos estuvimos de acuerdo en seguir cada uno nuestro camino."

"Nunca funcionaremos bien estando uno en la vida del otro."

"Simplemente no nos llevamos bien."

"Mi familia es un embrollo disfuncional."

"Mi relación con mi madre es irreparable."

"Estoy mejor sin ellos."

Cada vez que hacemos declaraciones como estas, nos damos permiso para comenzar un proyecto de construcción que levanta muros hasta el cielo. Después pasamos el resto de nuestra vida asegurándonos de estar de nuestro lado del muro y que "ellos" se queden del suyo. Fuera de la vista, fuera de la mente está el enfoque que adoptamos, casi olvidando que esas personas existen hasta que el molesto pensamiento se filtra de vez en cuando: "Me pregunto qué podría haber sido si..."

En vez de comprometernos a estar aislados, consideremos un mejor compromiso. Es lo que los monjes benedictinos llaman el voto de estabilidad. "Al hacer un voto de estabilidad" escribió el monje trapense Thomas Merton:

> El monje renuncia a la vana esperanza de vagar hasta encontrar un "monasterio perfecto". Esto implica un enorme acto de fe: el reconocimiento de que no importa mucho dónde o con quién viva (...) la estabilidad se vuelve difícil para un hombre cuya idea monástica contiene alguna nota, algún elemento de lo extraordinario. Todos los monasterios son más o menos comunes. El hecho de ser ordinarios es una de sus mayores bendiciones.[9]

Después de que un monje hace todos los otros votos y los mantiene, el voto de estabilidad es la forma de decirle a sus hermanos: "A pesar de los inconvenientes, de los defectos y los inconvenientes de tu gente, estoy aquí para un viaje largo. Soy de los que se quedan. Soy parte de ustedes y ustedes son parte de mí. Estoy aquí y seguiré estando. Nunca me iré a otra parte". No puedo pensar en una mejor forma de describir lo que significa ser una familia.

En el anillo de boda de mi esposo, como en la mayoría de los anillos del mundo, grabamos la cita de Rut 1:16-17, que dice: "¡No insistas en que te abandone o en que me separe de ti! Porque iré adonde tú vayas, y viviré donde tú vivas. Tu pueblo será mi pueblo, y tu Dios será mi Dios. Moriré donde tú mueras, y allí seré sepultada."

Rut era la nuera de Noemí. Después de que su esposo, el hijo de Noemí, murió, ella tomó este compromiso con su suegra. ¡Estoy hablando de la suegra! Ella podría haber regresado a su familia de origen, pero se comprometió en amor a quedarse, vivir y hasta morir junto a esta mujer. Eligió quedarse y considerar a esa mujer como su familia.

Mi esposo a veces ha sentido que es mi mejor amigo en mi aldea y a la vez mi peor enemigo. Pero hemos peleado el uno por el otro y por nuestra relación, porque estamos comprometidos a quedarnos. Elegimos quedarnos.

En matrimonios imperfectos, iglesias imperfectas, amistades imperfectas.

¿Qué elegirás tú?

¿QUÉ CAMBIA CUANDO ELIGES QUEDARTE?

Elegir quedarse no es sencillo, pero para quienes te haya dado Dios como tu familia…

el momento que decides aceptarlos por quienes son en vez de tratar constantemente de cambiarlos…

el momento que buscas maneras de servir a tu familia e iglesia en vez de esperar constantemente cosas de parte de ellos…

el momento que buscas oportunidades de pronunciar palabras de ánimo en vez de cuestionar cada decisión que toman…

el momento que busques ocasiones para amarlos en vez de pasar tus días esperando interacciones horribles con ellos…

Puede ser el momento cuando veas a tu familia y a tu iglesia transformadas.

Tal vez hayas oído hablar del sesgo de confirmación, que es cuando encuentras en el mundo exactamente lo que esperabas encontrar. El sesgo de confirmación funciona aquí también. Si esperas descubrir belleza en tus relaciones familiares, la descubrirás.

Si esperas encontrar apoyo, lo encontrarás. Si esperas hallar aceptación, la hallarás.

Si esperas encontrar amistad, te apuesto nueve de diez que...

Encontrarás una amiga.

Mi papá hoy es la persona que menos me critica. De hecho, se transformó en la persona que más me alienta. Sale de su ruta y se toma el tiempo para decirme lo orgulloso que está de mí y cuánto significo para él. Veo la belleza en nuestra relación ahora; de hecho, es todo lo que veo.

Y es todo lo que deseo ver.

No pierdas de vista a las personas imperfectas que están justo delante de ti.

11

AFÉRRATE A TU GENTE

Quiero darte una visión más grande, más hermosa para vivir sumergida hasta el cuello en una comunidad diversa, interconectada. Quiero que te alejes de este libro comprometida con priorizar esa comunidad por encima de mejores ofertas de trabajo, más metros cuadrados de casa, o una ciudad más genial. Quiero que veas la visión de Dios para las relaciones saludables y elegirla por encima de la comodidad o de las conversaciones superficiales fáciles o reuniones ocasionales convenientes. Quiero que no solo encuentres tu círculo íntimo, sino además que encuentres una aldea donde puedas conocer, servir, ser servida y conocida. Quiero que encuentres a tu gente.

Pero la visión es mucho más grande que eso.

Es para que adoptes una forma completamente diferente de vivir.

Porque lo veo en las Escrituras, y sé que es posible. Aun así, siempre será difícil.

UN ENEMIGO ESTÁ LUCHANDO CONTRA NOSOTROS

La Escritura dice: "Porque nuestra lucha no es contra seres humanos, sino contra poderes, contra autoridades, contra potestades que dominan este mundo de tinieblas, contra fuerzas espirituales malignas en las regiones celestiales".[1] Esta es la batalla en la que estamos, y siempre debemos recordarlo.

Hace unos años, en los primeros días de la fundación de nuestra iglesia, yo estaba en gran desacuerdo con alguien. Me sentí incomprendida y ella también. Así que nos sentamos a hablar al respecto. Después de tratar de resolverlo, todo explotó . Salí de nuestra reunión más enojada de lo que había estado antes, sin saber cómo resolverlo.

No sé si alguna vez has estado en un conflicto como ese, en el que a pesar de que estás tratando, a pesar de que estás sentada y dando los pasos correctos de resolución, sientes como si la solución simplemente no se puede encontrar. Cuando leí ese versículo de Efesios, me di cuenta de que el problema no era Heather. El problema era el enemigo que estaba tratando de dividirnos.

Como vimos en el capítulo cuatro, el enemigo odia la comunidad. Su objetivo es dividirnos, distraernos, separarnos para impedirnos ser más efectivos. Si cada creyente en la tierra estuviera unido, si fuera una sola mente y un solo corazón en la misión, la iglesia sería increíblemente peligrosa. Veríamos un resurgir en cada ciudad y en cada país. Habría más obra del Reino de lo que podríamos imaginar. Así que, por supuesto, la mejor manera que el enemigo tiene de detener la obra de Dios en la tierra es lograr que nos devoremos unos a otros en lugar de celebrarnos, amarnos, servirnos y trabajar juntos. Por eso me importa tanto desarrollar una comunidad profundamente conectada, auténtica y comprometida.

Invertir en la relación no se trata de perseguir la propia felicidad. No es solo para que podamos tener amigas con quienes ir a cenar cuando nos sintamos solas. Es para que podamos ser eficaces para la eternidad. Es para que la gente llegue a conocer a Cristo por nuestro amor. Es para que nuestro amor hable tan clara y audazmente de Jesús que sea contagioso, que cause que otras personas quieran seguir a Dios.

Las tácticas del enemigo para socavar el buen plan de Dios para nuestras relaciones son cosas con las que tú estás muy familiarizada:

- La codependencia
- La independencia
- El ajetreo
- El chisme
- La comparación
- La pereza
- El miedo

Quiero dedicar un poco de tiempo para comentar cada una de estas tácticas, no sea que hagas todo este trabajo para encontrar a tu gente solo para no saber cómo aferrarte a ellos a largo plazo.

LA TRAMPA DE LA CODEPENDENCIA

Tal vez pienses: *¿Qué rayos significa toda esa jerga psicológica?*

La respuesta breve: una relación de codependencia es cuando la felicidad de una persona depende de la otra a un nivel desproporcionado. La codependencia se desarrolla cuando buscamos a otras personas para satisfacer nuestras necesidades en lugar de mirar a Dios. Suele comenzar como una forma de complacer a la gente o lo contrario, esperar que la gente satisfaga todas nuestras necesidades. Cualquiera de estas cosas se convertirá en una serie de comportamientos poco saludables. Las relaciones siempre van mal cuando Dios no está en el centro.

Cuando entras en una relación —con tu cónyuge, tu compañera de cuarto o tu amiga— buscando que esa persona satisfaga una necesidad, que resuelva un problema, que te llene de maneras que solo Dios puede hacer, esa relación se volverá destructiva.

Las relaciones codependientes se construyen con un objetivo que nunca puede ser alcanzado. Ese ser humano te decepcionará el 100 % de las veces.

Y eso está bien. He aprendido a ver las decepciones en las relaciones como recordatorios de que Dios es suficiente para mí.

¿Cómo sabes si estás en una relación codependiente?

Una señal es que constantemente te sientes desanimada y decepcionada por la persona. Cuando tienes una reacción extrema a algo, necesitas prestar atención porque probablemente es evidencia de algo o alguien que has convertido en un ídolo. Cuando estás inusualmente molesta porque una persona no llamó o esa persona no fue lo suficientemente cariñosa contigo o no te invitó a algo, pregúntate: "¿Estoy poniendo expectativas injustas en esta persona para que satisfaga mis necesidades?"

Está bien tener necesidades en una relación e incluso expectativas. Todos las tenemos. Pero, ¿son expectativas justas? ¿Son expectativas claras?

¿Estás esperando que alguien satisfaga necesidades que solo Dios puede satisfacer?

LA TRAMPA DE LA INDEPENDENCIA

Sabemos que nos necesitamos de un millón de maneras diferentes en la vida, pero los que no luchamos con la codependencia a menudo caemos en la trampa de vivir de forma independiente. Dios nos construyó para que fuéramos criaturas frágiles, finitas y necesitadas esencialmente, para que acudiéramos a Él y para que nos apoyáramos en las fortalezas y los dones de cada uno.

Si hay un principio que ha guiado mis últimos tres años de ministerio, es este: atraer a la gente en todo momento. Nunca hagas nada sola. ¿Por qué? Porque incluso Dios existe en comunidad dentro de sí mismo.

Si quieres ser eficaz, pide ayuda. Esto hace que otras personas se sientan necesitadas, las atrae y une en un propósito compartido. Y, lo que es más, al dar este paso sencillo de vulnerabilidad, empezamos a construir la comunidad que anhelamos.

Hoy estaba preparando mis notas para una charla que voy a dar este fin de semana. Trabajé en ella hasta que estuve satisfecha, lista para pasar a otra cosa. En lugar de eso, llamé a Chloe, quien corre a mi lado cada día en este llamado, y le dije: "Por favor, ayúdame con esta charla".

Como ya te comenté, odio pedir ayuda.

No quiero molestar a mi amiga/compañera al final de un largo día.

Además, soy orgullosa. Me sentí confiada en que tenía todo listo.

Pero debido a mi convicción de que nadie debe hacer nada solo, pedí ayuda. La mirada fresca de Chloe, su creatividad y sus preguntas elevaron una buena charla a una gran charla. Ella me ayudó a ver lo que se me había escapado y a mejorar las cosas.

Todo lo útil que brindo al mundo ha sido moldeado por al menos un puñado de otras personas, y no me avergüenzo de ello.

¡El plan de Dios es sacar el mejor trabajo de la comunidad! Siempre lo ha sido y siempre lo será.

Pide ayuda.

Construye un equipo.

Colabora.

No vivas aislada.

Todos necesitamos gente, así que pídele algo a una amiga y no te disculpes cuando lo hagas. ¡Es una mentira del diablo que debamos ser independientes y autosuficientes!

LA TRAMPA DEL AJETREO

¿Estás ocupada? ¡Genial! Lleva a la gente contigo. Invierte en las relaciones a medida que avanzas.

Fui guía de una joven hace dieciocho años, cuando ella era una adolescente y yo lidiaba con los primeros años de la maternidad. Ahora ella está metida hasta el cuello en esa etapa de la vida en la que tenemos niños pequeños. En una cena reciente, Bethany nombró todas las cosas que recuerda del tiempo que le dediqué:

1. Me llamabas amiga.
2. Te centrabas en mí y me escuchaste de verdad.
3. Me apretabas fuerte cada vez que me veías.
4. Me mostraste gracia.
5. Solías enseñarles a tus hijos pequeños sobre el pecado mientras conducías, y yo me sentaba en el asiento delantero.

Lo que más influyó en ella no fue el brillante estudio bíblico que yo dirigía, por mucho que desee que hubiera sido así. Fueron todas las pequeñas cosas, nuestras interacciones normales y cotidianas mientras vivíamos, las que la hicieron sentirse importante para mí.

¿Qué se puede aprender de esto? Invita a una adolescente o a una mujer joven a tus viajes en auto. Llévala a tomar un café o a dar un paseo. Dirige ese estudio en tu casa mientras los niños duermen la siesta o gatean por todas partes. Lleva a comer a una compañera de trabajo. Invita a los recién casados a comer el postre. Encuentra a la universitaria solitaria de tu ciudad. *Por favor. Hazlo hoy.*

Así es como cambiamos el mundo.

¿A cuántas personas ha tenido Bethany como discípulos desde que yo la orienté? No podría contarlas todas. Me recordó que la hice dirigir un estudio para sus compañeras ¡a la edad de dieciséis años! Y nunca dejó de hacerlo después de eso. Bethany, Ali,

Christi, Cassie, Courtney, Emily, Jen, Amanda, Pam, Katherine, y otras son las mejores inversiones de mi vida.

Ellas son solo algunas de las personas a las que me he dedicado, y ellas han enseñado a otras, con un número exponencial e inconmensurable de personas a las que han tenido como discípulas desde entonces.

LA TRAMPA DEL CHISME

Una vez estaba desahogándome con mi hermana sobre alguien, y sin querer marqué el número de uno de los amigos de esa persona que escuchó todo el asunto. ¡Nunca lo olvidaré! Dios hizo que eso sucediera como recordatorio de que no está bien, *nunca*. Ahora, cuando tengo la tentación de hablar de otras personas a sus espaldas, siempre me los imagino caminando detrás de mí y cómo se sentirían si escucharan mis palabras.

Si tienes amigos que constantemente hablan contigo de otras personas, déjame decirte un pequeño secreto: cuando no estás ahí, ¡están hablando de ti!

La verdad es que, si no nos sintiéramos bien chismeando, no lo haríamos. Algo en nosotras —algo malsano y retorcido— disfruta enterándose de algún chisme jugoso o de hacernos sentir un poco superiores al criticar a otra persona.

Pero a menudo acabamos desanimadas después de nuestro tiempo con las amigas, al fijarnos en las cosas negativas en lugar de elegir celebrar lo bueno de los demás.

Romanos 8:6 nos dice que hay un camino que lleva al pecado y a la muerte y un camino que lleva a la vida y la paz. ¿Cómo nos mantenemos en el camino de la vida y la paz cuando se trata de chismes? Asumimos lo mejor de los demás y de esa manera nos protegemos mutuamente. Este es uno de los valores más altos en mi trabajo y en mi familia. Cuando uno de mis hijos habla mal de uno de sus hermanos, lo detengo porque no quiero que se cree un entorno peligroso en nuestro hogar. Si percibes que un entorno es peligroso, entonces no tienes lugar para crecer, no tienes lugar para compartir tus problemas, tus debilidades, tus fracasos. No tienes un lugar para estar realmente rota.

Tal vez te preguntes: *"¿Cómo puedo cambiar las conversaciones con mis amigas para crear entornos sanos?"* Creo que tienes que sentarte y crear reglas básicas. Los ambientes más sanos, las amistades más sanas en las que he estado siempre tienen reglas básicas.

¿Y cómo se hace esto? Como sabes, creo en las conversaciones incómodas. Si quieres buenas amigas, debes tener esas conversaciones. Así que siéntate con tus amigas y diles: "Hola chicas, hemos estado chismeando y tenemos que parar. No me siento segura con ustedes. No creo que ustedes se sientan seguras conmigo. Así que esto es lo que vamos a hacer: vamos a asumir lo mejor de cada una y nunca, nunca vamos a hablar mal de otras personas o de nosotras mismas".

Puede que sea incómodo durante un tiempo, pero vale la pena hacerlo. Te encantará sentirte segura con tu gente. Confía en mí. Estas son las amistades que quieres tener —alentadoras, leales, seguras, que te cubren la espalda, demasiado centradas en el bien para derribar a los demás—, con personas así quieres compartir tu vida.

Pero empieza por ser tú esa persona. Niégate a permitir que los chismes tengan lugar en tu presencia. Simplemente cambia de tema, o haz lo que digo a mis hijos: pregúntales "¿Por qué estás siendo tan malo?" Incrépalos. Sé que esto es básico, pero veo que es algo que pasa desde la escuela secundaria hasta la mediana edad. La vida es dura. Cubrámonos las espaldas todo el tiempo.

LA TRAMPA DE LA COMPARACIÓN

Esta puede ser una de las mentiras favoritas del enemigo. En lugar de depender de las personas que Dios te ha dado para transitar la vida, los insidiosos susurros de la comparación te obligan a competir con ellas, a esforzarte por ser mejor que ellas o a sentirte terriblemente desanimada si no lo consigues. "Equipo", por definición, es celebrar los éxitos de los demás, porque sabemos que nos necesitamos mutuamente.

Si entendemos el propósito de nuestras relaciones, podemos elegir la celebración en lugar de la comparación.

Mi amiga Callie enseñó anoche en nuestra iglesia, donde yo también enseño con frecuencia. Brilló y les dio una enseñanza increíble a las mujeres. Ni una parte de mí se comparó con ella como maestra de la Biblia. Me alegré al animar a una compañera a quien le tocaba estar al frente.

Ella es valiente para liderar, ponerse de pie y compartir su alma, y yo quería que ella viera cómo Dios brillaba a través suyo. Así que le envié mensajes de texto en vivo durante todo el mensaje, pensando que podría leerlos más tarde, al irse a la cama. Cuando la abracé después del evento, me dijo: "Tus mensajes de texto estuvieron apareciendo en mi teléfono durante toda mi charla". ¡Tenía sus notas en su teléfono! Uy.

¿Sabes qué? Seamos recordadas de esa forma, como las que hacemos vibrar la vida de la gente con nuestros mensajes de ánimo y apoyo al punto de distraerlas con ideas de lo geniales que son.

Sé que las mujeres tienen fama de ser mezquinas o competitivas. Pero no tenemos que serlo. De hecho, cuando miro a mi alrededor, ¡veo exactamente lo contrario! Desde mis dos hermanas, pasando por la enorme hermandad de IF:Gathering, a las mujeres con las que trabajo cada día, a mis increíbles amigas, a mis hijas, lo que veo en todas partes son mujeres animándose unas a otras, impulsándose mutuamente, dando sus vidas para hacer su mundo mejor.

Mi corazón se ensancha al pensar en todas las formas en las que ustedes influyen en sus lugares a través de su fe en Dios, su optimismo al liderar, sus sueños desinteresados, su alegría al crear. Si te sientes competitiva con los demás, pregúntate por qué. Y luego elige, en cambio, saturar el teléfono de alguien celebrando sus esfuerzos. Empezará a cambiar tu perspectiva.

LA TRAMPA DE LA PEREZA

Reconocemos el aislamiento de nuestra vida cotidiana, pero no queremos arriesgarnos a ser rechazadas o hacer el trabajo de encontrar una forma de conectar. Así que no nos molestamos en acercarnos a nadie, y después nos preguntamos por qué no tenemos amigas.

Tener una conexión requiere más trabajo del que a menudo estamos dispuestas a invertir. En su libro para Barna Group, titulado *Wonder Women* [Mujeres Maravillosas], Kate Harris cita un amplio estudio de mujeres que hacen malabares con el trabajo, la familia y la amistad, señalando que "la investigación muestra consistentemente que la amistad está cerca del último lugar en las prioridades y los compromisos de tiempo para todas las mujeres", sin embargo, más de una de cada tres mujeres está de acuerdo con la afirmación "a menudo me siento sola".[2]

Para tener amistades profundas y verdaderas, debemos iniciarlas. Primero debemos ser la amiga que deseamos tener.

¿Quieres tener amistades más profundas? ¿Te sientes excluida?

Deja de esperar que la gente se acerque a ti. Empieza a tomar la iniciativa.

Y tal vez, al ser la primera, la gente que nos rodea sentirá la libertad de encontrarse con nosotras a mitad del camino. Asume que las personas quieren ser tus amigas. ¡Expresa que necesitas cosas de los demás y asume que quieren ayudarte! Hazles las preguntas que te gustaría que te hicieran.

Compra una pizza y pasa por la casa de una amiga esta noche. En el peor de los casos, estará ocupada y te sobrará comida.

Riesgo. Necesidad. Molestia. Se llama comunidad.

LA TRAMPA DEL MIEDO

Una de las cosas más divertidas de nuestra mudanza a Dallas fue que, como familia, estábamos todos juntos, todos nerviosos, todos haciendo nuevos amigos, todos encontrando nuestro camino, todos probando nuevos lugares y nuevas cosas.

Es fácil formarse juicios precipitados, protegerse, decidir demasiado rápido lo que se siente por un lugar o por la gente. Pero, según mi experiencia, uno tiende a perderse las partes buenas cuando actúa así.

Es arriesgado ir por la vida con el corazón abierto para lo que Dios disponga, amar a la gente sin criticar ni ser reservada, exponer todo tu ser para que los demás lo conozcan, pero también para que lo juzguen. Sí, es arriesgado. Pero a cambio obtienes amigos, crees lo mejor, encuentras una comunidad eclesiástica imperfecta, consigues ser imperfecta tú misma. Yo prefiero vivir con el corazón por delante que resguardada, aunque eso signifique sangrar más.

¿Por qué nos atrevemos con esto que puede herirnos tan profundamente? Porque es obediencia. El compromiso y la sumisión a un pequeño grupo local de personas es el mejor camino hacia Dios.

Cuando nos unimos a nuestro grupo pequeño, no fue solo para tener unos cuantos amigos; fue para someternos y comprometernos con unas pocas personas. La sumisión es lo único que interrumpe nuestro ego y nos dice la verdad. Necesito que de vez en cuando alguien me agarre por el cuello y me siente para hacerme entrar en razón.

Es posible que odies a la iglesia por culpa de los líderes o de la gente que ha abusado del poder. ¡Lo entiendo! Yo me desgasté más de una vez al punto de querer salir corriendo, pero probablemente esos líderes no estaban verdaderamente sometidos a las estructuras que Dios estableció.

Como líder espiritual y como seguidora de Cristo, dependo de una junta, de los ancianos en nuestra iglesia local a la que pertenecemos, y de nuestro grupo pequeño. Me doy cuenta de que, en este momento, puedes estar aturdida por cómo suena todo esto, pero lo hago de buena gana y con alegría.

¿Por qué?

Porque sí es difícil confiar en la gente, ¡pero yo no confío en mí misma! Empezaría a pensar demasiado bien de mí, a herir a otros, y seguir mi camino. Me gusta la sumisión porque sé que me protege. Tenemos mucho más que temer y es más arriesgado ir solos que comprometernos a profundizar nuestra relación con esas pocas personas de confianza.

UNAS PALABRAS SOBRE LAS RELACIONES TÓXICAS

Dicho esto, ¿qué hacemos cuando nos encontramos en una relación tóxica?

Entrevisté al consultor, psicólogo y prolífico autor Dr. John Townsend durante la primera temporada de mi podcast, *Made for This* [Hecha para esto], específicamente para preguntarle si "poner límites" era un acto egoísta o espiritual. Probablemente recordarán que John es coautor, junto al Dr. Henry Cloud, del innovador libro *Límites: Cuándo decir "sí", cuándo decir "no". Tome el control de su vida.* El libro provocó un fenómeno cultural luego de su publicación hace más de treinta años; vendió más de diez millones de ejemplares y cambió para siempre nuestro acercamiento a las interacciones humanas.

"Jennie", me dijo, "como creyentes nos apresuramos a centrarnos en todos los versículos de la Biblia que nos dicen que amemos al Señor y entreguemos nuestros deseos egoístas y leamos la Biblia, etc., mientras descuidamos totalmente los que hablan de tener cuidado de guardar nuestro corazón, como dice Proverbios 4:23. Sin guardar nuestro corazón, no seremos útiles para nadie. Cualquier relación que te drena más rápido de lo que te llena no es una amistad; es una oportunidad de ministerio".

Es así.

Tomando en cuenta los comentarios en Instagram sobre las relaciones, y lo que he hablado con innumerables personas heridas, mi consejo para cuando te encuentres en una relación realmente tóxica que te aplasta el alma es que establezcas límites claros, tal vez límites que dicten muy poco contacto con la otra persona.

Sí, Jesús dijo que hay que perdonar a la gente setenta veces siete, lo que es un perdón infinito. Sin embargo, debemos ser cautelosos respecto a quiénes son los que entran en nuestro círculo más cercano. Como hemos discutido, todos herimos a otros a veces, pero eso no significa que debamos poner nuestro corazón en el camino de un patrón relacional destructivo de otra persona.

Asume la responsabilidad por tus errores.

Busca la reconciliación varias veces.

No tengas miedo de seguir tu camino si nada cambia.

Cuando sepas que ha llegado el momento de dejar una amistad, te reto a que seas honesta y clara, y no te limites. A veces, no se trata de una amiga lo suficientemente cercana como para que se justifique tener esa conversación. Pero si esta amiga ha sido una parte importante de tu vida, alguien en quien has confiado y con quien has profundizado, di lo difícil que hay que decir. Una conversación honesta sobre por qué la amistad necesita terminar podría impulsarlas a reconocer dónde necesitan crecer y cambiar. Incluso podría reparar la amistad.

Dicho esto, abandonar las relaciones cada vez que nos encontramos con un problema tampoco es saludable. Me preocupa que nuestros estándares irreales sobre a quién dejamos entrar y en quién confiamos nos impidan relacionarnos.

Si queremos comunidad, debemos estar dispuestos a luchar por ella.

ESTO VA A COSTAR TRABAJO

Hubo un tiempo cuando lo que ahora llamamos *intimidad* se llamaba simplemente *vida*. Durante siglos, las personas con las que vivías cerca eran la gente con la que trabajabas, la misma gente con la que criabas a tus hijos, que eran las mismas personas con las que adorabas a Dios, con las que cocinabas y comías… La vida diaria significaba una oportunidad continua de toparse con la gente, de que tu pecado fuera señalado, de decepcionar a un amigo y de resolver un conflicto con alguien de la iglesia.

Miro a mi alrededor en nuestra sociedad actual y me digo constantemente: "Jennie, vas a tener que *trabajar* para tener relaciones más profundas. No van a aparecer por arte de magia".

El objetivo es llegar a ser y encontrar amigos que den vida, y el camino para llegar a esa meta es bastante directo:

- Haz preguntas profundas.
- Escucha.
- Dile a las personas lo que agradeces en ellas.
- Sé sincera.
- Habla de Jesús.
- Hagan cosas divertidas juntas.

Todas queremos ser amigas que den vida, pero además de todas las trampas que ya hemos visto, tenemos que aceptar nuestra propia tendencia a sabotearnos y drenar la vida de nuestras amistades. Estas son algunas de las trampas autodestructivas que nos ponemos:

- Esperar a que las amigas te llamen.
- Ofenderte fácilmente con tus amigas.
- Opinar demasiado sobre su vida.
- Suponer que están locas.
- Hablar negativamente de ellas.
- No hablar de tus heridas.
- Recordar y retener los errores de los demás.

Si te has escondido de las relaciones íntimas porque estás convencida de que nadie quiere ser tu amiga, entonces me pongo mi sombrero de hermana mayor por un momento y te digo que le pagues a alguien para que sea tu amiga. Lo digo en serio. Ahorra unos cuantos dólares y ponte frente a una consejera que haga honor a sus títulos. Si todas las personas de las que fuiste amiga te han hecho daño de alguna manera, entonces el denominador común aquí podrías ser tú.

Sé que es difícil de leer.

Créeme, es difícil de decir.

Pero la verdad siempre es difícil, hasta que libera absolutamente tu vida.

¿Con quién necesitas hacer enmiendas?

¿A quién has abandonado con demasiada facilidad o rapidez?

¿A quién has rechazado?

¿A quién has dejado de lado?

Puede que te hayas aislado de las cosas que Dios quiere usar para ayudarte a crecer. La familia, los amigos, la iglesia, los grupos pequeños; sí, nos hacen daño, pero son parte de la comunidad para la que fuimos diseñados. No quiero que los pierdas porque necesitan que trabajes un poco con ellos o quizá necesiten otra oportunidad. Nos necesitamos unos a otros. Necesitamos ser un grupo de personas comprometidas entre sí y comprometidas con Jesús para correr juntos y desafiarnos.

Hace dos semanas me reuní con un par de amigas para ponernos al día, y a mitad de nuestra conversación me arriesgué a decir algo que era realmente sincero y crudo. Dije la verdad sobre una situación por la que estaba pasando, y en respuesta, no me sentí escuchada. De hecho, una de ellas no solo no me escuchó bien, sino que dijo algo sobre ella aún más doloroso. ¿Te pasó alguna vez? Dices que algo es realmente difícil en tu vida, y la otra persona responde contándote otra cosa que está enfrentando que es aún más difícil.

Me dolió.

Verdaderamente me dolió.

Sin embargo, por la gracia de Dios, esto es lo que pensé: "Ella no quería hacerme daño. Y el hecho de que fuera insensible ante mi noticia no significa que deba dejar de decirle la verdad ni de ser sincera con ella. Ella está lidiando con algunas cosas súper duras en este momento; eso es un hecho. Lo que puedo hacer ahora es darle los oídos que me gustaría haber tenido de su parte y escucharla. Mi turno llegará pronto. Voy a dejar de lado todo el asunto por ahora y me concentraré en ser una amiga para ella".

Probablemente ella solo estaba teniendo un mal día.

Otra amiga mía dice que trata de reaccionar a los patrones, no a los casos aislados. Todo el mundo mete la pata de vez en cuando; a no ser que una amiga te desprecie o rebaje habitualmente, déjalo pasar. Elige seguir adelante.

Aun así.

Si lo que al principio parecían unas cuantas cosas aisladas se convierten en un patrón de comportamiento relacional, ¿puedo darte un último consejo? Antes de confrontar a la otra persona sobre tu percepción de que las cosas entre ustedes no van bien, date veinticuatro horas.

Come algo.

Da un paseo.

Descansa bien por la noche.

Ora por lo que sientes.

Entonces —y solo entonces— invita a dialogar a tu amiga sobre esa tendencia que no puedes ignorar.

Nunca me arrepentí de haberme callado momentáneamente.

VALE LA PENA LUCHAR POR ESTO

Debemos luchar para retener a nuestra gente. Notemos las trampas que el enemigo está usando para dividir y distraernos de las relaciones sanas. ¡Te prometo que la batalla vale la pena!

Acabo de regresar de un tiempo con dos de mis personas, Ashley y Lindsey, y les escribí este texto:

"Me encanta lo nuestro. Me encanta que nos echen de los restaurantes casi siempre que vamos porque nos quedamos hasta muy tarde. Me encanta que, en uno de los días más difíciles, nos ríamos hasta las dos de la mañana y casi nos orinemos encima. Me encanta que hablemos de todo. Luchamos la una por la otra para creer en la verdad. No nos escondemos. Nos importan los colores de la pintura y el estado del mundo. Pasamos de la consejería a la iglesia a las lámparas de araña con demasiada facilidad. ¡NOS AMO!"

¿Digo esto para presumir? Tal vez un poco. ¡Es una broma! En serio, lo digo para que anheles eso. Lo digo para que *luches* por ello. Lo digo para que leas esas palabras y anheles tu propia gente desordenada con sus ideas desordenadas de lo que significa ser amigas cercanas y con una profunda conexión.

Porque ni tú ni yo deberíamos intentar salir adelante por nuestra cuenta en esta cosa tan dura llamada vida.

12

LA INTIMIDAD DE UNOS POCOS

Para Zac y para mí, el último año ha sido excepcionalmente duro, no por nada que haya sucedido externamente, sino por un trabajo interno continuo y desgastante.

En concreto, uno de nuestros cuatro hijos, cuya identidad permanecerá en el anonimato para que no me odie el resto de sus días, ha estado tomando malas decisiones durante cuatro meses seguidos. Debo empezar diciendo que tiene un montón de amigos, es inteligente y adorable, y cuando entra ilumina toda la habitación. Lo amamos profundamente por todo esto y por diez mil cosas más que hacen que su personalidad sea única, magnética y divertida.

Todo eso es cierto.

Lo que también es cierto es que está cometiendo algunos errores bastante épicos en este momento. Errores con consecuencias significativas. Cuando alguien a quien amas tanto como a tus hijos sigue tomando malas decisiones, el miedo y la preocupación se vuelven agobiantes.

Últimamente he llorado hasta quedarme dormida más de una vez, no por algún incidente, sino porque no siempre consigo que mi cerebro deje de dar vueltas a lo que podría pasar en los próximos días si la espiral descendente de estos cuatro meses no se detiene.

Eso es lo que me cuesta ahora mismo.

Si estuviera sentada frente a ti en una cafetería, estaría pendiente de cada palabra que pudieras decir en respuesta a mi pregunta: *¿Cuál es tu dificultad?*

La vida simplemente es dura.

La gente está rota.

La oscuridad es real.

De hecho, apuesto a que, si pudiéramos encontrarnos en una conversación sin prisas sobre las cosas que realmente importan en esta vida, me enteraría de la oscuridad particular que tú y tu familia han atravesado.

Me hablarías del abuso que sufriste de niña.

O del matrimonio que terminó en divorcio.

O del hijo descarriado que aún no ha vuelto a casa.

Hablarías de la adicción.

O del despido.

O de la quiebra.

O del diagnóstico, los tratamientos, el dolor.

Me hablarías de cómo pensabas que la vida sería tan diferente, antes, cuando tus ilusiones aún estaban intactas.

Y en respuesta, me sentaría allí, con las piernas recogidas debajo de mí, los codos apoyados en mis rodillas, los dedos entrelazados, los ojos fijos en los tuyos. Y diría: "Lo sé".

Porque lo entiendo. De veras. Yo también estuve en el abismo, hundiéndome bajo el peso de heridas que nunca revelaría en un libro, porque los detalles de esos asuntos no me pertenecen solo a mí.

Y aunque tal vez no podría *hacer* nada para ayudar a remediar tus horribles recuerdos o circunstancias, *algo acerca de expresarme tu dolor a mí, una oyente dispuesta*, aligeraría *tu carga*. Yo iría después, poniendo palabras a todo lo que me cuesta. Y después, las dos nos iríamos con un poco más de energía de la que teníamos cuando llegamos. Nada habría cambiado. Sin embargo, de alguna manera, *todo* sería mejor.

NECESITAMOS GENTE QUE ESTÉ EN ESTO CON NOSOTRAS

Para cuando Zac y yo llegamos al grupo pequeño después del último incidente de esa persona amada "sin-nombre", las otras parejas en nuestro grupo ya lo sabían. Eso sucede cuando tu grupo pequeño y tus vecinos y los padres de las escuelas de tus hijos son la misma gente. Estuve tentada a sentirme frustrada por el hecho de que no podía huir, no podía esconderme de la verdad de nuestra situación.

"He estado orando esta canción por ustedes", dijo Elisabeth con calma. "Dice: "La batalla es del Señor". Tenía su teléfono en la mano, y mientras leía algunas de las letras, contuve las lágrimas.

Entonces susurró: "No eres una mala madre".

Mis lágrimas retenidas se convirtieron en un llanto liberador de alguna carga pesada. Necesitaba escuchar esas palabras. Necesitaba dejar de lado mis propios problemas y hacer lo mejor para mi persona amada que estaba cometiendo errores. Necesitaba a mi gente: gente lo suficientemente segura como para confrontarnos con nuestro dolor, gente que está muy metida en todos nuestros asuntos, gente que lo sabe antes de que se lo digamos, gente lo suficientemente valiente como para exponer las mentiras en las que he estado creyendo, y gente lo suficientemente comprometida con nosotros y con nuestros hijos como para ayudarnos a pasar por esto a largo plazo.

Unas semanas más tarde, nos despertamos el día de Navidad y tuvimos otra situación difícil. Mi cuñada Ashley pasó por casa, y cuando preguntó por nuestra mañana de Navidad, en lugar de fingir que lo teníamos todo controlado, me derrumbé y se lo conté todo. Ella no me vio llorar; ella lloró conmigo.

Cuando se fue esa tarde, le di las gracias por ser la clase de familia y amiga con la cual no tengo que fingir. Con lágrimas, me abrazó fuerte y largamente, y me susurró: "No nos vamos a ninguna parte.

Estamos en esto contigo, tu persona amada es también parte de nuestra familia. ¡La tenemos rodeada!"

Muy poca gente conoce los detalles de nuestras situaciones más difíciles. No soy precisamente una persona que cuente demasiado. Pero mis "pocos", lo saben. Y están en esto conmigo.

Tú y yo no necesitamos que cincuenta personas sepan lo que nos cuesta, pero sí necesitamos a unos pocos que estén en ello con nosotras.

Lo que he descubierto al encontrar a mi gente, al construir una pequeña aldea aquí en Dallas, es que no solo es posible vivir así, sino que es necesario.

El líder de nuestro pequeño-grupo-demasiado-invasivo es un hombre de unos cuarenta años que está casado y tiene hijos. Encontró a Jesús a sus veintes y es un buen hombre. Un buen padre. Un buen marido. Y un exitoso líder de negocios.

Él *es* todas esas cosas.

¿Pero sabes qué más? También es un pecador redimido por la sangre de Jesús.

No lo estoy arrojando bajo el autobús aquí; él mismo te lo diría. Y si estuvieras en su grupo pequeño, como yo, él te diría mucho más que eso. De forma regular, el resto de los miembros de nuestro grupo reciben un correo electrónico de nuestro líder que dice algo así:

Pandilla, solo para hacerles saber. Gracias por sus continuas oraciones sobre [algún tema que planteó en el grupo la última vez]. Estoy viendo una pequeña victoria allí, lo cual es alentador. Todavía estoy luchando contra el materialismo. ¡Uf! Siento que la vida sería mucho mejor con un pequeño lugar en los Hamptons. ¿No hay mejores cosas para mí en qué pensar? Hay gente a mi alrededor que no conoce a Jesús, y yo estoy obsesionado con escapar. Por favor, oren para que esta bestia afloje sus garras.

También soy consciente de que debería dejar mi teléfono abajo por la noche en lugar de tratarlo como una extremidad más de mi cuerpo. He estado mirando mi teléfono todas las noches hasta que me duermo en lugar de hablar con mi familia. ¿Qué estoy haciendo? Es una estupidez. Sé que es una estupidez. Sin embargo, noche tras noche, sigo haciendo la misma elección estúpida. Que alguien me haga responsable, ¿quieren? Estoy listo para dejar de ser un tonto.

Podría seguir, pero creo que se entiende la idea. Lo que él nos muestra es el tipo de intercambio que solo se experimenta cuando se está *ahí* con otra persona. Y tengo que decirte que no podría estar más agradecida de que Zac y yo estemos en ese grupo.

CÓMO DEBE SER LA VIDA DE LA ALDEA

Hace poco pensaba en cómo sería mi vida si no tuviera la red de apoyo que me brinda este grupo. Sinceramente, admitiré que, desde fuera, me vería perfectamente bien. Parecería completamente preparada, totalmente autosuficiente, el tipo de persona que nunca necesita nada de nadie. Mi vida se vería *bien* como Jennie independiente, aunque por dentro me estaría muriendo de mil maneras.

Estaría muriendo de dureza de corazón.

De la cautela.

De insensatez.

De egoísmo.

Desesperación.

Vergüenza.

Tan agonizante como fue entrar en el grupo esa noche y descubrir que todo el mundo ya conocía nuestra basura y que no había forma de evitar que la revisaran pieza a pieza en ese momento, terminé agradeciendo que no pudieran pasar por alto el hecho de que estaba sufriendo de verdad. No tuve otra opción que rendirme a su amor por mí, rendirme a mi propia necesidad, y ser el inconveniente que odio ser.

Es más, el líder de ese grupo me ha enseñado cómo invitar a los demás a mi basura. Pienso en mi cuñada Ashley, ella me recuerda regularmente que cuando estoy triste, ella también está triste. Un sentimiento tan simple y directo, ¿no? Sin embargo, siempre me nivela. La suya no es una reacción codependiente, me apresuro a decir, sino una perfecta encarnación de la palabra de Pablo en Romanos 12 sobre alegrarse con los que se alegran y llorar con los que lloran.[1]

Estoy convencida de que este tipo de dolor comunitario y esta alegría comunitaria es lo que une los corazones a largo plazo. Cuando entras en la celebración de otra persona o en su dolor —no me refiero a algo anecdótico, sino a que entras *de verdad*— ya no te preocupas por los límites y las barreras. Ellos son tuyos y tú eres de ellos.

Así que encuentra a tus pocos y hazles saber que son tus pocos.

Mi hija mayor volvió a casa después de su primer semestre en la universidad. Había conectado, al estilo típico de Kate, con casi todo el mundo en el campus. Se había hecho amiga de todas en su dormitorio. Se había hecho amiga de todos los de su clase. Se había hecho amiga de todos en cada club al que se unió. Esto equivalía a unas 53 742 personas que ahora consideraba sus "amigos".

Cuando llegó a casa estaba agotada, exhausta y triste. "No sé qué estoy haciendo mal", me dijo una noche. "No he sido más que inclusiva con todo el mundo, sin embargo, siento que no tengo amigos cercanos".

Miré a mi cansada hija y le dije: "Kate, si te casaras este año y tuvieras que decidir hoy quién estaría a tu lado en tu boda, ¿a quién elegirías? ¿A quién de tus mejores amigas más cercanas podrías imaginar a tu lado?"

No perdió el tiempo murmurando cinco o seis nombres y luego me miró expectante, sin haber atado cabos todavía. "¿Crees que esas chicas saben que son tan especiales para ti?", le pregunté.

Se quedó en silencio durante un rato. Luego susurró: "No creo que lo sepan".

Le dije a Kate que no tenía que reprimir su personalidad naturalmente extrovertida. "Solo asegúrate de que le estás dando prioridad a las amistades que más te importan", le aconsejé. La animé a establecer algún tipo de cronograma, si era necesario, para asegurarse de que los días, las semanas y, ciertamente, los meses no pasaran sin que ella disfrutara de puntos de contacto significativos con esas maravillosas amigas que están en las buenas y las malas. "Esas amigas son tu ancla, tu arraigo", le dije. "Te darán el combustible —y la rendición de cuentas— que necesitas para volver a salir al campus y ver de quién más te puedes hacer amiga".

Cuando Kate regresó a la universidad, se sentó con esas amigas y les dijo: "Quiero que sepan que son increíblemente especiales para mí. Son mis amigas más cercanas". Esas chicas entonces le dijeron la verdad a Kate, explicándole cómo su constante búsqueda de más amigos les hacía sentir que no eran una prioridad para ella.

Mi dulce niña había creado, sin saberlo, no un pueblo o aldea, sino una auténtica ciudad. Necesitaba reducir las cosas un poco.

Así que esta es la primera advertencia: no te hagas amiga de todo el mundo. Tus "pocos íntimos" se llaman *pocos* por una razón; solo necesitas un puñado de ellos. Pero la segunda advertencia es igualmente vital: no te hagas amiga de un millón de personas, pero tampoco te escapes.

Durante un tiempo pensé que la principal razón para fomentar la intimidad en al menos unas pocas relaciones clave era para tener algunas personas a quienes recurrir cuando aparecieran los "tiempos difíciles". Pero cuanto más viajo, más me doy cuenta de que los tiempos difíciles ya están aquí. Cada día de cada semana de cada año que vivo, hay algo que siento que es difícil. No estoy tratando de ser pesimista. Es igualmente cierto que en cada día de cada semana de cada año que vivo, ¡hay algo hermoso también!

Cuando Zac y yo nos íbamos de esa reunión del grupo pequeño la noche en que tuve que hablar de los últimos problemas de mi persona amada que estaba tomando malas decisiones, una de las mujeres me miró y me dijo: "Amiga, sé que ya sabes esto, pero me siento obligada a recordártelo: cuando oro por tu familia, oro como si estuviera orando por la mía".

Ellos son nuestros, y nosotros somos suyos. Nos pertenecemos mutuamente. Así es como se supone que sea.

EL AMIGO MÁS QUERIDO

Acércate y déjame decirte algo. Me doy cuenta de que es muy posible que hayas llegado casi hasta el final de este libro y todavía darías tu brazo derecho por uno solo de este tipo de amigos en tu vida.

Lo entiendo. Esa era yo, allí en el piso de madera de mi nueva casa en Dallas. Y entonces Caroline entró por mi puerta principal, una estudiante universitaria lo suficientemente joven como para ser mi hija. Podría haberla visto solo como nuestra niñera, pero no lo hice. La vi como parte de nuestra familia y eventualmente parte de mi círculo, mi gente, mi amiga. De hecho, hoy mismo nos estábamos enviando mensajes de texto mientras estaba escribiendo.

Lo diré una vez más: tu gente puede estar delante de ti. Pero incluso si no lo están hoy, déjame decirte la mejor noticia: el único amigo que he encontrado más consistente, el que me ve en mi peor momento y me sigue amando, es Jesús.

Y si lo conoces, Él te llama su amiga: "Ya no los llamo siervos, porque el siervo no está al tanto de lo que hace su amo; los he llamado amigos".[2] Ese anhelo que tenemos de ser plenamente conocidas, plenamente aceptadas, incluidas en una misión, vistas, amadas, no solas, está totalmente satisfecho en Él. Jesús es mi mejor amigo.

Tal vez aún no estés allí con Él. Eso está bien. Cuando Kate tenía cinco años de edad, ella nos hablaba de su mejor amiga cuando su hermano mayor (que era punk) la avergonzó diciendo: "Se supone que Jesús es tu mejor amigo".

Ella respondió: "Bueno, apenas lo estoy conociendo".

Si ese es tu caso, está bien. Pero puedo decirte que, en efecto, Jesús es el *mejor* amigo. Él nunca me ha ignorado, ni me ha dejado de lado, ni me ha avergonzado, ni me ha puesto los ojos en blanco. Ni una sola vez. Él siempre escucha, siempre se preocupa, siempre me dice la verdad. Siempre está ahí. Él es seguro y alentador, y siempre me desafía y también me lleva a mejorar.

Nunca estás sola. Tienes a Jesús. Y Él te tiene a ti.

Pero Él quiere más para ti. Más para nosotros. Un equipo de personas con las cuales correr cada día, para juntos amarlo a Él y amarnos unos a otros a través de las situaciones difíciles. Él quiere eso para ti. Yo quiero eso para ti.

Vale la pena la lucha. Sigue corriendo. Sigue amando. Encuentra a tu gente, y nunca la dejes ir.

UNA ORACIÓN POR LA VERDADERA COMUNIDAD

Quiero terminar este libro con una oración. Sin la ayuda de Dios para encontrar a nuestra gente y conservarla, el reto parece demasiado desalentador.

Por favor, ora conmigo...

Dios:

Te necesitamos. No hay más esperanza que tú. Confiamos de nuevo en ti o tal vez por primera vez.

Jesús, tú fuiste suficiente para nuestros pecados. Gracias por haber trazado un camino para que, en primer lugar, estemos bien con Dios y, en segundo lugar, estemos bien entre nosotros.

Gracias por habitar con nosotros.

Gracias por darnos un propósito más allá de nosotros mismos.

Gracias, porque no nos has olvidado.

Gracias, porque estás preparando un lugar en el cielo para que estemos contigo por siempre.

Mientras tanto, queremos que el cielo venga a la tierra. Queremos que tu Reino venga a la tierra. Y, Dios, ¡tú dices que somos nosotros quienes lo vamos a traer! La iglesia lleva la esperanza de tu Reino al mundo.

Así que, Dios, ¿sanarías nuestras relaciones rotas? ¿Nos ayudarías a vivir esta experiencia?

Dios, ¿me ayudarás a encontrar personalmente una comunidad profundamente conectada? Ayúdame a hacer amigas y a conservarlas mientras vivo mi compromiso contigo:

Construiré mi pueblo y tu iglesia.

Desempeñaré mi papel.

Seré honesta.

Restauraré.

Atraeré a la gente.

Me quedaré.

Tu Palabra promete que podemos sanar, que podemos perdonar, que podemos superar las divisiones que amenazan con destruirnos. Señor, que seamos fieles en creerlo y en luchar por ello.

Dios, danos una visión y una esperanza que sea más grande que nuestras limitaciones humanas. Que venga tu Reino, que se haga tu voluntad en la tierra como en el cielo.

Amén.

LA RESPUESTA PARA TU ALMA INQUIETA

Mientras estemos en esta tierra, anhelaremos algo más grande, porque fuimos diseñados para algo más grande, algo mejor. Estamos diseñados para una relación íntima con Dios para siempre.

San Agustín decía: "Nos has hecho para ti, y nuestro corazón está inquieto hasta que encuentre su descanso en ti".[1]

La humanidad tenía una relación perfecta con Dios hasta que el pecado entró en el mundo a través de Adán y Eva. Con el pecado llegó la certeza de la muerte y la separación eterna de Dios. La penalidad tenía que ser pagada. Pero en el mismo momento que Él nombró el castigo por el primer pecado, Dios definió su promesa de proporcionarnos un camino para volver a Él.

Nuestro pecado iba a ser reparado con el sacrificio perfecto. Dios enviaría a su propio Hijo perfecto, irreprochable para que cargara con nuestro pecado y sufriera nuestro merecido destino, para hacernos volver.

Jesús vino, cumpliendo miles de años de profecías, vivió una vida perfecta y murió una muerte espantosa, pagando el precio por nuestro pecado. Luego, después de tres días, venció a la muerte, se levantó de la tumba y ahora está sentado con el Padre.

Cualquiera que acepte la sangre de Jesús para el perdón de sus pecados puede ser adoptado como hijo de Dios. A cada uno que cree, Dios le da su propio Espíritu para sellarnos y capacitarnos para vivir para y con Él.

Fuimos hechos para Dios, y Él dio todo para que nuestra alma pudiera finalmente y para siempre encontrar su descanso en Él.

Si nunca has confiado en Cristo para el perdón de tus pecados, puedes hacerlo en este momento. Solo dile que lo necesitas y dile que eliges confiar en Él como tu Señor y Salvador.

AGRADECIMIENTOS

No se puede escribir un libro sobre cómo encontrar a tu gente sin un montón de ellos para que te apoyen. Dios sigue enseñándomelo, y estoy orgullosa de decir que este libro no existiría sin mucha ayuda.

En primer lugar, a mi persona principal, Zac: te amo y mantienes el tren rodando en sus vías. Yo jamás podría hacer este trabajo sin tu constante estímulo y apoyo. Me haces mejor y me liberas para llevar mi ministerio como lo llevo. Sé que el cielo se enorgullecerá de las formas invisibles en que me sirves a mí y a nuestros hijos para que esto sea verdad. Gracias.

A Conner, Kate, Caroline y Coop: en algún lugar del camino de la paternidad, ustedes se convirtieron en mi gente. Hoy cada uno de ustedes está entre nuestros mejores amigos. Los amo. Ustedes creen en mí y me animan. Gracias por eso. Como saben, papá y yo somos sus mayores fanáticos, verlos convertirse en hombres y mujeres de bien sigue siendo la mayor alegría en nuestra vida.

A mi familia: mamá y papá, cuanto más vieja me hago, más aprecio su matrimonio y quienes son para mí. Ustedes son fieles y me apoyan, y les estoy agradecida por siempre. Carolyn y Randy, ambos nos apoyan de muchas maneras. Agradezco tenerlos como parte de nuestra gente estos días en Dallas. Gracias. Brooke y Katie (mis hermanas) y Ashley (mi premio de cuñada), ustedes tres son fácilmente mis amigas más queridas. El premio es que ustedes están unidas a mí para siempre como familia.

A Chloe: no podría hacer esto sin ti; nada de esto. Dios lo sabía y te llamó de una manera que nunca voy a superar. Tú haces que este ministerio funcione. Haces que toda mi vida funcione. Gracias por preocuparte por esto tanto como yo (y a veces, cuando me canso, más). James, Gray, Will, y Brooks, gracias por compartir a su esposa y a su madre.

A mi familia de IF: Gathering: nunca soñé con la familia que IF traería a mi vida. Desde hermanas de todo el mundo hasta una oficina llena de gente con la que me encanta trabajar cada día. En todos los sentidos, esto es por ustedes y gracias a ustedes. ¡Han hecho tantos sacrificios para ser mi gente y para ayudar a hacer que esto suceda! Jordyn, Hannah M., Amy, Danielle, Caroline, Lisa, Meg, Katy, Kayley, Kristen, Kali, Aly, Hannah R., Traci, y a nuestra intrépida líder, Brooke Mazzariello, son regalos sin medida. Soy muy bendecida por estar en una misión tan gloriosa con un equipo tan afín. Gracias por aportar ideas conmigo y hacer de esto algo mejor.

A Parker: ¡Gracias por reunir tantas de mis palabras para no empezar con páginas en blanco! Eres mi amiga, hermana pequeña y compañera de equipo. Estoy tan agradecida por tu vida al lado de la nuestra estos últimos años.

Al resto de mi pueblo: no podría escribir esto sin ustedes. Carla, Liz, Michelle, Ellen, Lindsey, Callie, Davy, Jennie E., y tantos otros. Gracias por convertirse en mi gente ¡tan rápido y de forma tan bonita! Este libro está dedicado a ustedes.

Al equipo de Yates & Yates: aquí estoy de nuevo, dándoles las gracias. No hay nada en ustedes que sea a medias. Simplemente, ¡están metidos de lleno en el asunto! Es una muy buena imagen del cuerpo de Cristo. Pasaron tanto tiempo utilizando sus dones individuales entre bastidores para asegurarse de que este fuese el mensaje correcto y la mejor manera de mostrar a Dios. Curtis y Karen, ustedes son familia para nosotros. Y no puedo imaginar si no nos hubiéramos conocido hace tantos años. Nuestra vida no sería la misma.

Por el equipo de Proverbios 31: Lysa, Shae, Madi, Meagan, Joel, su creatividad y contribución ayudaron a dar forma a este proyecto. ¡Nunca podré agradecerles lo suficiente!

Al equipo de WaterBrook: Dios mío, desde nuestro primer encuentro pensé que eran demasiado buenos para ser verdad. Todos tenían sueños más grandes que yo —y eso es mucho decir—, y creían tan apasionadamente en mí. Me han dado todo, han estado ahí para mí, han pensado fuera de lo común para llegar a las mujeres, me han apoyado, incluso cuando me volví loca y cambié todo el libro en el último momento. Sinceramente, no podría pedir un equipo mejor: Tina, Ginia, Bev, Campbell, Johanna, Chelsea, Lori, Laura W.

Y finalmente a Ashley Wiersma y Laura Barker: este libro no existiría ni sería útil en absoluto sin su amor y compromiso con él. Ashley, tu investigación, tus ideas y tu creatividad me hicieron creer que esta era una buena idea, ¡y tú ayudaste a que existiera! Y Laura, tú y tu edición no me dejan conformarme, incluso cuando quiero hacerlo.

A pesar de que este proyecto implicó cientos de horas en las que estuve sola escribiendo, sabía que no lo estaba. Gracias por atender mis locas llamadas y cuidar tanto como yo de que esto sea todo lo que Dios quiere que sea.

NOTAS

Capítulo 1

[1] www.npr.org/sections/health-shots/2020/01/23/798676465/most-americans-are-lonely-and-our-workplace-culture-may-not-be-helping.

[2] Brad Porter, "Loneliness Might Be a Bigger Health Risk Than Smoking or Obesity" [La soledad podría ser un riesgo mayor a fumar o a la obesidad], *Quora*, 18 de enero de 2017. www.forbes.com/sites/quora/2017/01/18/loneliness-might-be-a-bigger-health-risk-than-smoking-or-obesity/?sh=32b6a0e725d1.

[3] Curt Thompson, MD, *The Soul of Shame: Retelling the Stories We Believe about Ourselves* [El alma de la vergüenza: Recontando las historias que creemos sobre nosotros mismos], (Downers Grove, IL: InterVarsity Press, 2015), p. 52.

Capítulo 2

[1] Para más información sobre este tema, lee Timothy Keller, *The Reason for God: Belief in an Age of Skepticism* [La razón de Dios: Creer en una época de escepticismo], (New York: Penguin, 2008), capítulo 14.

[2] Ver Juan 16—17.

[3] Keller, The Reason for God, p. 224.

[4] Mateo 22:37-39.

[5] Mateo 18:20.

[6] Proverbios 27:17.

7 Romanos 1:11-12.

8 Hebreos 3:13.

9 1 Corintios 12:20.

10 Romanos 12:5-6.

11 https://industrialrevolution.sea.ca/impact.html.

12 Este pensamiento proviene de una conversación con el consejero Dr. Mark Mayfield.

13 John J. Pilch, *A Cultural Handbook to the Bible* [Un manual cultural de la Biblia], (Grand Rapids, MI: Eerdmans, 2012), p. 59.

   "La cultura occidental es altamente individualista. Lo que los miembros de esta cultura se niegan a admitir es que esos tipos de personalidad representan nada más que el 20 % de la población sobre la tierra. El restante 80 % es colectivista. Los miembros de tales culturas se sienten tan fuertemente imbuidos en sus grupos que no quieren sobresalir como individuos".

14 www.thersa.org/blog/2009/01/self-help-individualism-and-the-social-brain.

Capítulo 3

1 C. S. Lewis, *The Four Loves* [Los cuatro amores], (New York: Harcourt, Brace, 1960), pp. 61—62.

2 Brené Brown, "The power of vulnerability" [El poder de la vulnerabilidad], Charla TED, Houston, Texas, junio de 2010.

3 Apocalipsis 21:1—5; 7:9.

4 Génesis 2:18.

5 www.npr.org/sections/health-shots/2020/01/23/798676465/most-americans-are-lonely-and-our-workplace-culture-may-not-be-helping.

6 Romanos 3:11—12.

Capítulo 4

1 Efesios 2:4—5.

2 2 Corintios 5:18.

³ Hechos 17:26-27.

⁴ Filipenses 3:19.

⁵ Proverbios 17:17; Efesios 4:2; Proverbios 18:24; Santiago 5:16; Hebreos 12:1-2; Hebreos 3:13.

⁶ www.bluezones.com/2019/02/good-friends-might-be-your-best-brain-booster-as-you-age.

⁷ https://medium.com/the-mission/a-practical-hack-to-combat-negative-thoughts-in-2-minutes-or-less-cc3d1bddb3af.

⁸ 1 Juan 4:7-8.

Capítulo 5

¹ Christopher D. Lynn, "Would Our Ancestors Have Watched the Super Bowl?" [¿Nuestros ancestros habrían mirado el Súper Tazón?] *Sapiens*, 31 de enero de 2019, www.sapiens.org/archaeology/history-of-fire-super-bowl.

² Rachel Nuwer, "How Conversations Around Campfire Might Have Shaped Human Cognition and Culture" [Cómo las conversaciones alrededor de una fogata pueden haber dado forma al conocimiento y la cultura del hombre], *Smithsonian*, 22 de septiembre de 2014, www.smithsonianmag.com/smart-news/late-night-conversations-around-fire-might-have-shaped-early-human-cognition-and-culture-180952790.

³ Nuwer, "How Conversations Around Campfire…"

⁴ Hebreos 10:24—25.

⁵ Ver Hechos 2:46.

⁶ "How to Make Friends? Study Reveals Time It Takes" [¿Cómo hacer amigos? Un estudio revela el tiempo que lleva], *KU News Service*, 28 de marzo de 2018. https://news.ku.edu/2018/03/06/study-reveals-number-hours-it-takes-make-friend#:•:text=In%20a%20new%20report%20published,and%20more%20than%20200%20hours.

Capítulo 6

¹ www.jennieallen.com/blog/how-shame-is-secretly-affecting-all-of-us-with-dr-curt-thompson.

[2] Romanos 8:1.

[3] Lucas 7:47.

[4] 1 Juan 1:7.

[5] Lewis, *The Four Loves*, p. 155.

[6] Filipenses 2:14-15.

Capítulo 7

[1] Gálatas 6:1; Hebreos 13:17; Efesios 4:25; Mateo 18:15; Proverbios 15:22; Efesios 5:21.

[2] Proverbios 27:17.

[3] 2 Corintios 5:17.

[4] Hebreos 3:13

[5] Proverbios 15:22.

[6] 1 Timoteo 5:20; Mateo 7:3.

[7] www.jennieallen.com/blog/how-to-be-a-healthy-person-with-jim-cofield?rq=cofield

Capítulo 8

[1] "Media luna fértil", National Geographic Resource Library, www.nationalgeographic.org/encyclopedia/fertile-crescent.

[2] Génesis 1:28.

[3] Romanos 12:4-5.

[4] Lewis, *The Four Loves*, p. 85.

[5] Tim Keller, *Toda buena obra: Conectando tu trabajo con el trabajo de Dios* (Nashville, Tennessee: B & H Español, 2018), pp. 47—48.

[6] C. S. Lewis, *The Weight of Glory* [El peso de la gloria], (New York: HarperOne, 1949), p. 46.

[7] 2 Tesalonicenses 3:11—12, RVR60.

Capítulo 9

[1] 1 Tesalonicenses 5:11; Gálatas 6:2; 2 Corintios 13:11, NTV; Hebreos 3:13, NBLA; Santiago 5:16; Colosenses 3:13, PDT.

[2] Mateo 26:26-28.

[3] Romanos 12:18.

[4] Lydia Denworth, "How Do You Make or Maintain Friends? Put in the Time" [¿Cómo hacer o mantener amistades? Puesto en términos de tiempo], *Psychology Today*, 30 de marzo de 2018, www.psychologytoday.com/us/blog/brain-waves/201803/how-do-you-make-or-maintain-friends-put-in-the-time.

Capítulo 10

[1] Salmos 68:6, NTV.

[2] 1 Timoteo 5:8, TLA.

[3] Richard Fry, "The number of people in average household is going up for the first time in over 160 years" [El número de personas promedio en una familia está subiendo por primera vez en más de ciento sesenta años], Pew Research Center, 1 de octubre de 2019. www.pewresearch.org/fact-tank/2019/10/01/the-number-of-people-in-the-average-u-s-household-is-going-up-for-the-first-time-in-over-160-years.

[4] Para más información, ver www.theatlantic.com/magazine/archive/2020/03/the-nuclear-family-was-a-mistake/605536.

[5] Aislinn Leonard, "Moai—This Tradition is Why Okinawan People Live Longer, Better" [Moai, esta tradición es la razón por la que los okinawenses viven más y mejor]. www.bluezones.com/2018/08/moai-this-tradition-is-why-okinawan-people-live-longer-better.

[6] Informe "Fictive Kinship and Acquaintance Networks as Sources of Support and Social Capital for Mexican Transmigrants in South Bend" [El parentesco ficticio y las redes de conocidos como fuentes de apoyo y capital social en los inmigrantes mexicanos de South Bend], producido por Erin Jelm para la University of Notre Dame Institute for Latino Studies, primavera de 2010, https://latinostudies.nd.edu/assets/95249/original/3.7_fictive_kinship_and_acquaintance_networks.pdf.

7 Romanos 8:15; 2 Corintios 6:16.

8 Dietrich Bonhoeffer, *Life Together* [La vida juntos], Las obras de Dietrich Bonhoeffer, vol.5, ed. Geffrey B. Kelley (Minneapolis: Fortress, 1996), p. 36.

9 Thomas Merton, *El signo de Jonás,* (Barcelona: Editorial Exilio, 1957), p. 10.

Capítulo 11

1 Efesios 6:12.

2 Kate Harris, *Wonder Women, Barna Group Frames* (Grand Rapids: Zondervan, 2013), p. 24.

Capítulo 12

1 Romanos 12:15.

2 Juan 15:15.

La respuesta para tu alma inquieta

1 St. Augustine, Confesiones.

ACERCA DE LA AUTORA

JENNIE ALLEN es la fundadora y visionaria que está detrás de IF:Gathering, una organización que equipa a las mujeres para conocer a Dios en profundidad y discipular a las mujeres con las que se relacionan. A través de *podcasts* y eventos en vivo, IF ha alcanzado a más de un millón de mujeres en casi doscientos países y tiene a siete mil mujeres liderando encuentros cara a cara en todo el mundo.

Siendo una famosa *podcaster*, Jennie ha enseñado en conferencias como Mujeres de Fe, Catalyst, Q Conference y Send (Junta misionera de Norteamérica). Es autora de varios libros y guías de estudio, incluyendo *Restless* [Impaciente], *Anything* [Nada], *Nada que demostrar* (Origen, 2017) y *Controla tu mente* (Origen, 2020).

Jennie tiene una maestría en estudios bíblicos por el Seminario Teológico de Dallas. Ella y su esposo Zac viven en Dallas, Texas, con sus hijos.